미래와 통하는 책

동양북스 외국어
베스트 도서

700만 독자의 선택!

새로운 도서,
다양한 자료
동양북스
홈페이지에서
만나보세요!

www.dongyangbooks.com
m.dongyangbooks.com

※ 학습자료 및 MP3 제공 여부는 도서마다 상이하므로 확인 후 이용 바랍니다.

홈페이지 도서 자료실에서 학습자료 및 MP3 무료 다운로드

PC

❶ 홈페이지 접속 후 도서 자료실 클릭
❷ 하단 검색 창에 검색어 입력
❸ MP3, 정답과 해설, 부가자료 등 첨부파일 다운로드
  * 원하는 자료가 없는 경우 '요청하기' 클릭!

MOBILE

* 반드시 '인터넷, Safari, Chrome' App을 이용하여 홈페이지에 접속해주세요. (네이버,
  다음 App 이용 시 첨부파일의 확장자명이 변경되어 저장되는 오류가 발생할 수 있습니다.)

❶ 홈페이지 접속 후 ☰ 터치

❷ 도서 자료실 터치

❸ 하단 검색창에 검색어 입력
❹ MP3, 정답과 해설, 부가자료 등 첨부파일 다운로드
  * 압축 해제 방법은 '다운로드 Tip' 참고

| 일본어뱅크 |

배우면 배울수록 일본어가 좋아지는

좋아요
일본어

감영희 · 미우라 마사요 · 사이키 가쓰히로 · 사쿠마 시로
성해준 · 아오키 히로유키 · 정태준 · 한탁철 지음

1

동양북스

| 일본어뱅크 |

배우면 배울수록 일본어가 좋아지는

좋아요
일본어 1

초판 8쇄 | 2023년 2월 20일

지은이 | 감영희, 미우라 마사요, 사이키 가쓰히로, 사쿠마 시로, 성해준, 아오키 히로유키, 정태준, 한탁철
발행인 | 김태웅
책임편집 | 길혜진, 이선민
일러스트 | 임은정
디자인 | 남은혜, 신효선
마케팅 | 나재승
제 작 | 현대순

발행처 | (주)동양북스
등 록 | 제 2014-000055호(2014년 2월 7일)
주 소 | 서울시 마포구 동교로22길 14 (04030)
구입문의 | 전화 (02)337-1737 팩스 (02)334-6624
내용문의 | 전화 (02)337-1762 dybooks2@gmail.com

ISBN 979-11-5768-283-6 14730
      979-11-5768-282-9 (세트)

© 감영희 · 미우라 마사요 · 사이키 가쓰히로 · 사쿠마 시로 · 성해준 · 아오키 히로유키 · 정태준 · 한탁철, 2017

이 도서의 국립중앙도서관 출판예정도서목록(CIP)은 서지정보유통지원시스템 홈페이지(http://seoji.nl.go.kr)와 국가자료공동목록시스템 (http://www.nl.go.kr/ kolisnet)에서 이용하실 수 있습니다. (CIP제어번호:CIP2017020008)

머리말

일본어는 한국인에게 배우기 쉬운 외국어로 알려져 있습니다. 그것은 양국의 언어가 같은 우랄·알타이어족으로 어순이 같고 문법이나 어휘적 측면에서 비슷한 부분이 많기 때문일 것입니다. 또한 음성학적으로도 몇 가지 발음체계 자체의 상이함이나 한국어에는 없는 발음도 있지만, 일본어 발음에 필요한 요소들 대부분은 한국인 학습자들에게 그다지 어렵지 않을 것이라는 판단 때문입니다.

본 교재는 그러한 측면에서 '일본어를 학습하는 데 있어 한국인 학습자가 지닌 장점'을 최대한 활용할 수 있도록 노력하였습니다. 그를 위해 때로는 공부하기 어려운 부분들을 생략하기도 했습니다.

예를 들면 다음과 같은 경우입니다. 'おいしい(맛있다)'라는 형용사가 있습니다. 일반적인 교재에서는 형용사의 기본활용 부분에서 다음 네 가지 활용 형태를 제시합니다. 'おいしいです(맛있습니다)', 'おいしく ありません(맛있지 않습니다)', 'おいしかったです(맛있었습니다)', 'おいしく ありませんでした(맛있지 않았습니다)'가 그것입니다. 그런데 본 교재에서는 가장 기본적이고도 사용 빈도가 높은 'おいしいです'와 'おいしくありません'만을 제시합니다. 즉 "쉽고 재미있게 공부하자"는 자세가 본 교재의 기본 취지이기 때문입니다.

그러면 '심화학습을 기대하기 어렵다'는 불만이 나올 수 있습니다. 하지만 저자 일동은 문법사항을 총망라하는 것보다 비교적 이해하기 쉽고 사용에 편리한 내용을 우선 도입함으로써, 학습자의 마음을 편히 하고 재미있는 학습을 유도하여 성취감을 얻을 수 있다는 점에 보다 중점을 두었습니다. 기초 단계에서부터 어려운 벽에 부딪혀 중도에 포기하고 마는 안타까운 일이 있어서는 안 되기 때문입니다. 저자 일동은 학습자들이 본 교재를 통해 '일본어는 정말 쉽고 재미있다'는 생각을 하게 되기를 진정으로 바랍니다.

외국어 학습이란 긴 여행과도 같습니다. 아무리 뛰어난 교재라 할지라도 긴 여행에 필요한 모든 것을 갖추기란 어려운 일입니다. 본 교재는 일본어 학습 여행을 처음 시작하는 데에 필요한 최소한의 내용을 가장 알차게 다룸으로써, 실패하는 학습자가 생기지 않도록 세심한 주의를 기울여 구성하였습니다. 본 교재와 함께 일본어 학습이라는 긴 여행을 떠난다면, 금방 멈추고 가던 길을 되돌아서는 일은 결코 없을 것임을 확신합니다.

부디 학습자 여러분의 일본어 학습에 도움이 되는 좋은 교재가 되기를 희망하며, 좋은 성과가 있기를 기원합니다.

감사합니다.

2017년 7월 저자 일동

이 책의 구성과 특징

1과부터 3과까지는 일본어의 문자와 발음 그리고 기본 인사말을 익힙니다.
이 과정을 통해 기초를 튼튼히 한 후에 문법, 회화 학습을 시작합니다. 4과 이후의 과별 구성은 다음과 같습니다.

1. 단원소개

각 과의 제목과 해당 과에서 학습하게 될 주요 내용을 간략하게 소개한다.

2. 회화

각 과에서 학습할 모든 사항이 집약된 메인 회화문이다. 먼저 읽기와 뜻 파악에 도전해 보고, 문법 사항들을 학습한 후에 다시 한 번 도전해 봄으로써 학습자 스스로 향상된 실력을 점검해 볼 수 있다.

3. 학습 포인트

각 과에서 학습할 문법을 항목별로 자세하게 다루었다. 특히 각 항목마다 제공되는 풍부한 예문은 이해도를 높여 학습 동기 부여에 큰 도움이 된다.

4. 연습

'학습 포인트'에서 익힌 내용을 '공란을 채워 문장 완성하기' 등의 방법을 이용해 연습함으로써 핵심 내용을 확실하게 자기 것으로 만들 수 있도록 했다.

5. 회화 연습

주어진 질문에 대답하는 형식이다. 대답은 정답이 있는 것이 아니라 학습자의 상황에 맞는 대답을 하는 형식이어서 강의실에서 다양한 상황을 연출할 수 있다. 이는 학습자의 수업 참여도에 큰 이점으로 작용할 것으로 기대된다.

6. 응용 연습

질문과 대답 모두 학습자가 스스로 선택할 수 있는 형식을 취한다. 따라서 각 과의 학습 내용을 이용해 학습자와 학습자 사이의 의사소통이 가능하도록 고안된 고도의 학습법이다. 학습자는 다양한 상황을 연상하면서 새로운 표현에 도전하고 성공하면서 학습 성취도를 만끽할 수 있다.

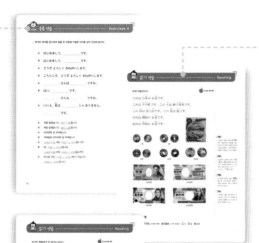

7. 읽기 연습

각 과에서 학습한 내용이 집약된 비교적 긴 문장을 읽고 해석해 봄으로써 지금까지 학습한 내용을 되새김하는 시간을 제공한다. 얼마나 정확한 해석이 가능한지 측정해 보고, 특히 읽을 때는 처음부터 끝까지 틀리지 않고 읽을 수 있도록 도전해 보는 것도 좋은 효과를 낼 수 있다.

8. 쓰기 연습

주어진 한글 문장을 일본어로 옮겨 보는 연습, 즉 작문 연습이다. 이는 말하기 연습과 같은 효과를 낼 수 있어서 '읽기 연습'과 더불어 각 과의 최종 정리 시간이 된다.

9. JLPT에 도전!

각종 시험에서 나올 수 있는 문제 형식을 이용해 각 과에서 학습한 내용도 점검하고 JPT, JLPT 등 대표적인 일본어 능력시험의 문제 형식에도 익숙해질 수 있어서 일거양득의 효과를 기대할 수 있다.

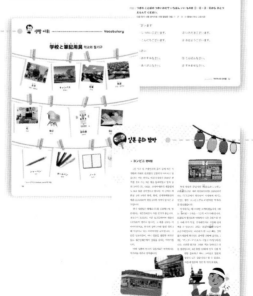

* 생활 어휘

각 과와 관련된 기본 어휘들을 사진 자료와 함께 제공한다.

* 일본 문화탐방

일본을 이해하는 기초 자료와 관련 이미지를 함께 제공한다. 언어는 문화에서 나오는 만큼 문화를 이해하는 힘은 일본어 능력 향상에도 큰 도움이 될 것이다.

차례

🎙 녹음 목차

이 책의 내용 중에서 일본어의 기본 문자와 발음, 본문 회화, 읽기 연습, 그리고 일본어의 기초를 익히는 데 꼭 필요한 부분이 네이티브의 음성으로 녹음되어 있습니다. 음성이 제공되는 부분에는 Track 표시가 되어 있으니 참고하시기 바랍니다.

히라가나와 발음 1

point

【히라가나】

일본어의 문장은 '히라가나(平仮名)'와 '가타카나(片仮名)', 그리고 '한자(漢字)', 이 세 가지 문자로 구성됩니다. 그 중에서 '히라가나'는 가장 많이 사용되는 표음문자이므로 1과에서는 이를 기본 발음과 함께 공부하도록 합니다. '히라가나'와 '가타카나'를 합쳐서 '가나(仮名)'라고 하는데 '가나'의 기본 발음이 정리된 50음도가 있습니다. 거기에 나와 있는 46개 히라가나를 먼저 공부합니다.

히라가나 50음도

일본어 문장에서 가장 많이 사용되는 '히라가나'를 순서에 맞춰 표로 만든 '히라가나 50음도'입니다. '행'
과 '단'을 확인하면서 익히기 바랍니다. 사전을 찾을 때도 이 순서를 따릅니다.

Track 01-01

	あ단	い단	う단	え단	お단
あ행	あ [a]	い [i]	う [u]	え [e]	お [o]
か행	か [ka]	き [ki]	く [ku]	け [ke]	こ [ko]
さ행	さ [sa]	し [shi]	す [su]	せ [se]	そ [so]
た행	た [ta]	ち [chi]	つ [tsu]	て [te]	と [to]
な행	な [na]	に [ni]	ぬ [nu]	ね [ne]	の [no]
は행	は [ha]	ひ [hi]	ふ [hu]	へ [he]	ほ [ho]
ま행	ま [ma]	み [mi]	む [mu]	め [me]	も [mo]
や행	や [ya]		ゆ [yu]		よ [yo]
ら행	ら [ra]	り [ri]	る [ru]	れ [re]	ろ [ro]
わ행	わ [wa]				を [o]
ん	ん [N]				

'히라가나'는 한자 초서체에서 유래된 문자입니다. 고대에는 한자로 발음을 표기하는 방식인 '만요가나(万葉仮名)'를 사용했는데 '만요가나'를 흘려 쓰면서 조금씩 현재의 히라가나 형태로 다듬어져 왔습니다. (예 太 → 太 → た) 가타카나에 비해 곡선이 많고 부드러운 느낌이 특징입니다.

あ	安	い	以	う	宇	え	衣	お	於
か	加	き	幾	く	久	け	計	こ	己
さ	左	し	之	す	寸	せ	世	そ	曽
た	太	ち	知	つ	川	て	天	と	止
な	奈	に	仁	ぬ	奴	ね	祢	の	乃
は	波	ひ	比	ふ	不	へ	部	ほ	保
ま	末	み	美	む	武	め	女	も	毛
や	也			ゆ	由			よ	与
ら	良	り	利	る	留	れ	礼	ろ	呂
わ	和	(ゐ	為)			(ゑ	恵)	を	遠
ん	无								

일본어의 다섯 가지 모음. 발음은 '아/이/우/에/오'에 가깝다. 단, 'う'는 '우'와 '으'의 중간 정도로 발음된다.

あ [a]	い [i]	う [u]	え [e]	お [o]

あい[ai] 사랑　　いえ[ie] 집　　うえ[ue] 위　　えい[ei] 가오리　　あお[ao] 파랑

[쓰기 연습]

あ	い	う	え	お
あ　あ	い　い	う　う	え　え	お　お
あ　あ	い　い	う　う	え　え	お　お
あい	いえ	うえ	えい	あお

か행 'ㄱ/ㅋ/ㄲ' + 모음에 가깝다. 첫째 음절에서는 'ㄱ'에 가깝고, 둘째 음절 이후는 'ㅋ'이나 'ㄲ'에 가깝게 발음된다.

Track 01-03

か [ka]	き [ki]	く [ku]	け [ke]	こ [ko]

かお[kao] 얼굴　　かき[kaki] 감　　きく[kiku] 국화　　いけ[ike] 연못　　こい[koi] 잉어

[쓰기 연습]

か	き	く	け	こ
か　か	き　き	く　く	け　け	こ　こ
か　か	き　き	く　く	け　け	こ　こ
かお	かき	きく	いけ	こい

Lesson 01 히라가나와 발음 1　13

さ행 '人' + 모음에 가깝다. 'し'는 영어처럼 [si]로 발음하지 않고 한국어의 '시'와 비슷하게 발음한다.

Track 01-04

さ [sa]	し [shi]	す [su]	せ [se]	そ [so]

さけ[sake] 술　しか[shika] 사슴　すし[sushi] 초밥　せき[seki] 자리　うそ[uso] 거짓말

[쓰기 연습]

さ	し	す	せ	そ
さ　さ	し　し	す　す	せ　せ	そ　そ
さ　さ	し　し	す　す	せ　せ	そ　そ
さけ	しか	すし	せき	うそ

14

た행 '?/?/?' + 모음에 가깝다. 첫째 음절에서는 '?'에 가깝고, 둘째 음절 이후는 '?'이나 '?'에 가깝게 발음된다. 단, 불규칙적인 발음 체계를 가지고 있어 'ち'는 '지/치/찌'에 가까운 발음이고, 'つ'는 '쓰'와 '츠'의 중간 정도로 발음된다.

Track 01-05

た	ち	つ	て	と
[ta]	[chi]	[tsu]	[te]	[to]

たこ [tako] 문어　くち [kuchi] 입　つき [tsuki] 달　たて [tate] 세로　とし [toshi] 나이

[쓰기 연습]

た	ち	つ	て	と
た　た	ち　ち	つ　つ	て　て	と　と
た　た	ち　ち	つ　つ	て　て	と　と
たこ	くち	つき	たて	とし

な행 'ㄴ' + 모음에 가깝다.

Track 01-06

な [na]	に [ni]	ぬ [nu]	ね [ne]	の [no]

なつ[natsu] 여름   かに[kani] 게   いぬ[inu] 개   ねこ[neko] 고양이   つの[tsuno] 뿔

[쓰기 연습]

な	に	ぬ	ね	の
な　な	に　に	ぬ　ぬ	ね　ね	の　の
な　な	に　に	ぬ　ぬ	ね　ね	の　の
なつ	かに	いぬ	ねこ	つの

は행

'ㅎ' + 모음에 가깝다. 한국어는 둘째 음절 이후 'ㅎ' 발음이 약해지는 경향이 있지만 일본어 'は행' 발음은 'ㅎ' 발음을 명확히 내야 한다. 그리고 'ふ'는 'fu'에 가깝게 발음된다.

 Track 01-07

は [ha]	ひ [hi]	ふ [hu]	へ [he]	ほ [ho]

はな[hana] 꽃　ひと[hito] 사람　ふね[hune] 배(ship)　へそ[heso] 배꼽　ほし[hoshi] 별

[쓰기 연습]

は	ひ	ふ	へ	ほ
は　は	ひ　ひ	ふ　ふ	へ　へ	ほ　ほ
は　は	ひ　ひ	ふ　ふ	へ　へ	ほ　ほ
はな	ひと	ふね	へそ	ほし

ま행

'ㅁ' + 모음에 가깝다.

ま [ma]	み [mi]	む [mu]	め [me]	も [mo]

くま[kuma] 곰　　み せ[mise] 가게　　む し[mushi] 벌레　　ひ め[hime] 공주　　も ち[mochi] 떡

[쓰기 연습]

ま	み	む	め	も
ま　ま	み　み	む　む	め　め	も　も
ま　ま	み　み	む　む	め　め	も　も
くま	みせ	むし	ひめ	もち

이중모음 '야/유/요'에 가깝다. 고대에는 '예' 발음에 해당하는 글자가 존재했지만 'え'와 발음이 혼동되기 시작한 10세기 무렵에는 사라졌다고 한다.

やま[yama] 산　ゆき[yuki] 눈(snow)　よこ[yoko] 옆, 가로

[쓰기 연습]

や		ゆ		よ
や や		ゆ ゆ		よ よ
や や		ゆ ゆ		よ よ
やま		ゆき		よこ

ら행

'ㄹ' + 모음에 가깝다. 편의상 'r'로 발음을 표기했으나 영어의 'r'은 물론 'l' 발음과도 다른 소리이다.

ら [ra]	り [ri]	る [ru]	れ [re]	ろ [ro]

さら[sara] 접시   りす[risu] 다람쥐   よる[yoru] 저녁, 밤   はれ[hare] (날씨가) 맑음   ふろ[huro] 목욕

[쓰기 연습]

ら	り	る	れ	ろ
ら ら	り り	る る	れ れ	ろ ろ
ら ら	り り	る る	れ れ	ろ ろ
さら	りす	よる	はれ	ふろ

わ행 & ん

'わ행'은 현재 'わ'와 'を'만 사용된다. 'ん'은 자음만으로 발음되는 글자이며 한국어의 비음 받침 'ㄴ/ㅁ/ㅇ' 발음과 비슷하지만 한국어에 없는 일본어 특유의 'N' 발음도 있다. 단, 뒤에 오는 소리에 따라 발음이 바뀐다.

🎵 Track 01-11

わ [wa]	ゐ	ゑ	を [o]	ん [N]

わに [wani] 악어   えを かく [eo kaku] 그림을 그리다   ほん [hoN] 책

[쓰기 연습]

わ	ゐ	ゑ	を	ん
わ　わ			を　を	ん　ん
わ　わ			を　を	ん　ん

'わ행'은 이중모음으로 옛날에는 'wa/wi/we/wo' 발음 체계가 있었으나 현대에서는 'wi'와 'we'는 발음이 사라졌고 글자도 사용하지 않는다. 'を'는 'wo' 발음이 사라졌으나 글자만 남아 'o'로 발음되며 한국어의 '을/를'에 해당하는 조사로만 사용된다.

わに

えを かく   ほん

● 50음도를 보면 비슷한 글자가 몇 개씩 보이죠? 일본어의 가나문자는 한글과 달리 같은 행(자음), 같은 단(모음)이라도 규칙성이 전혀 없는 글자이기 때문에 모양은 비슷해도 전혀 다른 발음일 수 있습니다. 아래에 정리된 혼동하기 쉬운 히라가나를 소리 내어 읽어 보세요.

あ・お	い・り	か・や
き・さ	さ・ち	ぬ・ね
ぬ・め	は・ほ	ほ・ま
る・ろ	ね・れ・わ	

● 쓸 때 조심해요! 잘못 쓰면 보는 사람이 구별하기 힘들어요!

발음 연습 ••

● 다음 히라가나를 소리 내어 읽어 보세요.

1.

 Track 01-12

① うえ　　　　　② あお　　　　　③ さけ

④ くち　　　　　⑤ たて　　　　　⑥ いぬ

⑦ ねこ　　　　　⑧ はな　　　　　⑨ へそ

⑩ みせ　　　　　⑪ むし　　　　　⑫ ひめ

⑬ やま　　　　　⑭ ゆき　　　　　⑮ りす

⑯ よる　　　　　⑰ ふろ　　　　　⑱ わに

2.

 Track 01-13

① かつら (가발)　　　　② ほこり (먼지)

③ せともの (도자기)　　④ おかねを いれる (돈을 넣다)

果物 과일
くだもの

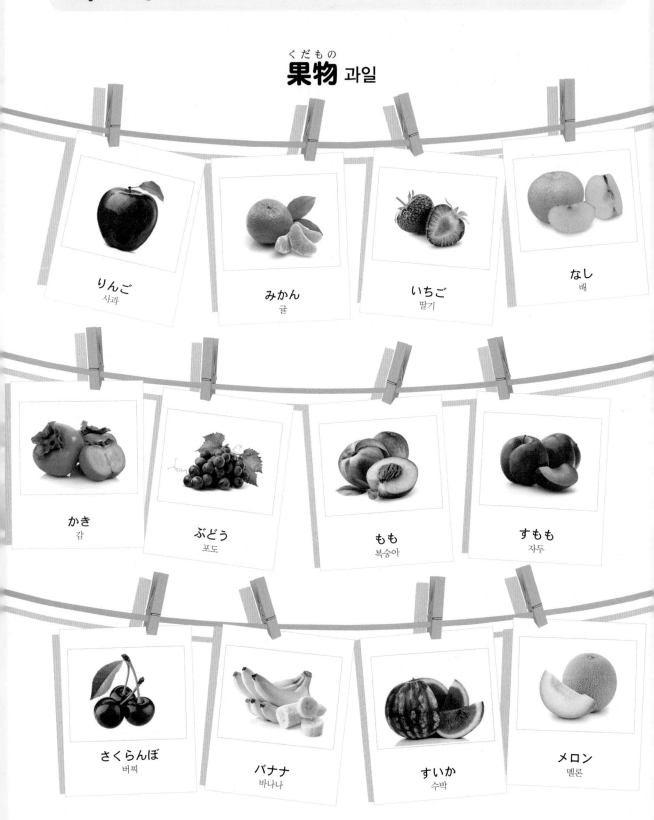

りんご
사과

みかん
귤

いちご
딸기

なし
배

かき
감

ぶどう
포도

もも
복숭아

すもも
자두

さくらんぼ
버찌

バナナ
바나나

すいか
수박

メロン
멜론

히라가나와 발음 2

point

【여러 가지 표기와 발음】

한국어와 일본어는 발음 체계가 다르기 때문에 조심해야 하는 발음들이 몇 가지 있습니다.

여기에서는 1과에서 학습한 히라가나 50음도에 나오는 글자들을 기본으로 좀 더 복잡한 표

기와 발음에 대해 공부합니다.

が행 탁음의 특징은 성대를 처음부터 울린다는 점. 'ㄱ' + 모음에 가깝지만 성대를 처음부터 울려야 하기 때문에 첫째 음절에 있는 경우 특히 조심해야 한다.

| が [ga] | ぎ [gi] | ぐ [gu] | げ [ge] | ご [go] |

がら [gara] 무늬　**や**ぎ [yagi] 염소　**ふ**ぐ [hugu] 복어　**ひ**げ [hige] 수염　**ご**み [gomi] 쓰레기

[쓰기 연습]

Track 02-01

が	ぎ	ぐ	げ	ご
が　が	ぎ　ぎ	ぐ　ぐ	げ　げ	ご　ご
が　が	ぎ　ぎ	ぐ　ぐ	げ　げ	ご　ご
がら	やぎ	ふぐ	ひげ	ごみ

ざ행 한국어에는 없는 발음이며 'z' + 모음과 비슷하다. 'ㅈ' + 모음 발음이 되지 않도록 혀를 'さ행' 발음과 같은 위치에 두고 성대를 울려야 한다. 단, 'じ'는 '지'에 가깝게 발음된다.

ざ	じ	ず	ぜ	ぞ
[za]	[ji]	[zu]	[ze]	[zo]

ざる[zaru] 소쿠리　じこ[jiko] 사고　ちず[chizu] 지도　かぜ[kaze] 바람　なぞ[nazo] 수수께끼

[쓰기 연습] Track 02-02

ざ	じ	ず	ぜ	ぞ
ざ　ざ	じ　じ	ず　ず	ぜ　ぜ	ぞ　ぞ
ざ　ざ	じ　じ	ず　ず	ぜ　ぜ	ぞ　ぞ
ざる	じこ	ちず	かぜ	なぞ

だ행 ‘ㄷ’ + 모음에 가깝지만 성대를 처음부터 울리는 발음이다. 단, ‘ぢ’와 ‘づ’는 각각 ‘ざ행’의 ‘じ[ji]’, ‘ず[zu]’와 똑같이 발음된다.

だ [da]	ぢ [ji]	づ [zu]	で [de]	ど [do]

ただ[tada] 공짜　はなぢ[hanaji] 코피　ひづけ[hizuke] 날짜　でし[deshi] 제자　どく[doku] 독

[쓰기 연습]

 Track 02-03

だ	ぢ	づ	で	ど
だ　だ	ぢ　ぢ	づ　づ	で　で	ど　ど
だ　だ	ぢ　ぢ	づ　づ	で　で	ど　ど
ただ	はなぢ	ひづけ	でし	どく

ば행

'ㅂ' + 모음에 가깝지만 성대를 처음부터 울리는 발음이다.

ば [ba]	び [bi]	ぶ [bu]	べ [be]	ぼ [bo]

おばけ[obake] 귀신　**へび**[hebi] 뱀　**ぶた**[buta] 돼지　**なべ**[nabe] 냄비　**ぼろ**[boro] 낡은 것

[쓰기 연습]

Track 02-04

ば	び	ぶ	べ	ぼ
ば　ば	び　び	ぶ　ぶ	べ　べ	ぼ　ぼ
ば　ば	び　び	ぶ　ぶ	べ　べ	ぼ　ぼ
おばけ	へび	ぶた	なべ	ぼろ

ぱ행　'ㅂ/ㅍ/ㅃ' + 모음에 가깝다. 첫째 음절에서는 'ㅂ'에 가깝고, 둘째 음절 이후는 'ㅍ'이나 'ㅃ'에 가깝게 발음된다.

ぱ [pa]	ぴ [pi]	ぷ [pu]	ぺ [pe]	ぽ [po]

らっぱ[rappa] 나팔　しんぴ[shimpi] 신비　きっぷ[kippu] 차표　ほっぺ[hoppe] 뺨　さんぽ[sampo] 산책

[쓰기 연습]

Track 02-05

ぱ	ぴ	ぷ	ぺ	ぽ
ぱ ぱ	ぴ ぴ	ぷ ぷ	ぺ ぺ	ぽ ぽ
ぱ ぱ	ぴ ぴ	ぷ ぷ	ぺ ぺ	ぽ ぽ
らっぱ	しんぴ	きっぷ	ほっぺ	さんぽ

※ 작은 'つ' 발음과 'ん' 발음에 관해서는 뒤의 설명 참조.

작은 つ 발음 – 촉음(促音)

작은 'つ' 발음은 '촉음'이라고 부릅니다. 'か·さ·た·ぱ행' 앞에 작은 'っ'를 붙여 표기합니다. 작은 'っ' 뒤의 소리를 준비하면서 공백 시간을 두는 발음이기 때문에 한국어의 받침과 비슷한 역할을 해서 뒤의 발음이 된소리처럼 됩니다. 그러나 일본어의 '촉음'은 하나의 음절을 이루기 때문에 한 박자를 두어야 합니다. 예를 들어 'いっき'라면 '익–끼'라고 세 박자로 읽습니다.

① **か행 앞**　　　　　　　　　　　　　　　Track 02-06

　　さっか [sakka]–[삭–까] 작가

　　いっき [ikki]–[익–끼] 단숨에, 원샷

　　ゆっくり [yukkuri]–[육–꾸리] 천천히

② **さ행 앞**　　　　　　　　　　　　　　　Track 02-07

　　さ행 앞에서는 완전한 무음 상태가 아니라 이빨과 혀 사이에서 공기가 빠져 나가는 소리가 나온다.

　　あっし [asshi]–[앗–ㅆ씨] 나, 저(속어)

　　しっそ [shisso]–[싯–ㅆ쏘] 검소

　　まっすぐ [massugu]–[맛–ㅆ쓰구] 똑바로, 쭉

③ **た행 앞**　　　　　　　　　　　　　　　Track 02-08

　　おっと [otto]–[옷–또] 남편

　　いったい [ittai]–[잇–따이] 도대체

　　ばっちり [batchiri]–[밧–찌리] 문제 없이 완벽함

④ **ぱ행 앞**　　　　　　　　　　　　　　　Track 02-09

　　きっぷ [kippu]–[킵–뿌] 차표

　　しっぽ [shippo]–[십–뽀] 꼬리

　　いっぱい [ippai]–[입–빠이] 가득

Tip

작은 'っ' 표기는 큰 'つ'의 절반 정도 크기로 쓰고 큰 'つ'와 분명히 구별하도록 조심!

 발음 비교!

さか ― さっか
(언덕길)　(작가)

いき ― いっき
(숨)　　　(단숨에)

 발음 비교!

あし ― あっし
(다리, 발) (나, 저–속어)

しそ ― しっそ
(차조기)　(검소)

발음 비교!

おと ― おっと
(소리)　(남편)

いたい ― いったい
(아프다)　　(도대체)

발음 비교!

きぷ ― きっぷ
(뜻 없음) (차표)

しぽ ― しっぽ
(뜻 없음)　(꼬리)

'ん'은 자음만으로 발음되는 글자이며 한국어의 비음 받침 'ㄴ/ㅁ/ㅇ(n/m/ŋ)' 발음
과 비슷하지만 한국어에 없는 일본어 특유의 'N' 발음도 있습니다. 단, 뒤에 오는 소
리에 따라 발음이 바뀌며 '촉음'과 마찬가지로 하나의 음절을 이루기 때문에 한 박자
를 두고 발음합니다. 예를 들어 'おんど'라면 '온도'가 아니라 '오ㄴ도'라고 세 박자로
읽는 것이 기본입니다.

Tip
발음 원리는 '촉음'과 비슷하며
뒤의 소리를 준비하면서 코에서
소리를 내기 때문에 뒤의 소리와
입 모양이 같아야 합니다. 따라
서 일본어에도 'ㅁ' 받침과 비슷
한 소리는 있지만 '김치'와 같은
발음은 있을 수가 없고, 'ㅇ' 받침
과 비슷한 소리는 있지만 '동동주'
와 같은 발음은 나타나지 않아요!

① [m] ま・ば・ぱ행 앞   Track 02-10

さんま [samma] 꽁치   とんぼ [tombo] 잠자리
てんぷら [tempura] 튀김   かんぱい [kampai] 건배

Tip
ま・ば・ぱ행 앞에서는 입술을 닫
을 준비를 하기 때문에 'ㅁ' 받침
과 비슷한 발음이 됩니다!

② [n] さ・ざ・た・だ・な・ら행 앞   Track 02-11

さんち [sanchi] 산지   おんど [ondo] 온도
あんない [annai] 안내   はんざい [hanzai] 범죄
せんろ [senro] 선로   べんり [benri] 편리

Tip
さ・ざ・た・だ・な・ら행 앞에서는
혀 끝을 입천장에 붙일 준비를
하기 때문에 'ㄴ' 받침과 비슷한
발음이 됩니다! 단, 한국어의 경
우 'ㄴ' 받침 뒤에 'ㄹ'이 오면 유
음화되어 'ㄴ' 받침이 'ㄹ' 받침 소
리로 바뀌기 때문에 'ㄹ' 발음과
비슷한 ら행 앞에서는 'ん' 발음이
'ㄹ' 받침 소리가 되지 않도록 조
심! 코에서 소리를 내야 합니다!

③ [ŋ] か・が행 앞   Track 02-12

げんき [geŋki] 건강함   まんが [maŋga] 만화
りんご [riŋgo] 사과   かんこく [kaŋkoku] 한국

Tip
か・が행 앞에서는 혀뿌리를 입
천장 뒤쪽에 붙일 준비를 하기
때문에 'ㅇ' 받침과 비슷한 발음
이 됩니다!

 Track 02-13

④ [N] あ・は・や・わ행 앞, 맨 끝에 'ん'이 올 때: 한국어에 없는 비음

でんわ [deNwa] 전화   ほんや [hoNya] 책방
にほん [nihoN] 일본   せんえん [seNeN] 천 엔

Tip
あ・は・や・わ행 발음은 혀를 천장
에 붙이지 않기 때문에 그 앞의
'ん' 발음은 입을 닫지 않고 혀를
천장에 붙이지도 않은 채로 코
에서 소리를 냅니다! 문장 끝의
'ん'도 혀나 입에 힘을 줄 필요가
없기 때문에 마찬가지로 [N] 발
음이 됩니다.

장음(長音)

하나의 모음을 두 박자로 길게 끌어 발음하는 것이 장음입니다. 일본어는 모음의 길이로 말의 뜻을 구별하기 때문에 주의가 필요합니다.

Tip

참고로 가타카나 장음 표시는 장음부호 'ー'를 사용합니다!

① [a:] あ단 + あ　　　　　　　　　　　　🎵 Track 02-14

まあまあ [ma:ma:] 그런대로　　　　おばあさん [oba:saN] 할머니

비교

まま [mama] 그대로　　　　　　　　おばさん [obasaN] 아줌마, 이모, 고모

② [i:] い단 + い　　　　　　　　　　　　🎵 Track 02-15

いいえ [i:e] 아니요　　　　　　　　おじいさん [oji:saN] 할아버지

비교

いえ [ie] 집　　　　　　　　　　　　おじさん [ojisaN] 아저씨, 삼촌

③ [u:] う단 + う　　　　　　　　　　　　🎵 Track 02-16

ゆうき [yu:ki] 용기　　　　　　　　くうき [ku:ki] 공기

비교

ゆき [yuki] 눈(snow)　　　　　　　　くき [kuki] 풀 줄기

④ [e:] え단 + え, え단 + い　　　　　　　🎵 Track 02-17

おねえさん [one:saN] 누나, 언니

せいき [se:ki] 세기　　　　　　　　ゆうめい [yu:me:] 유명

비교

せき [seki] 자리　　　　　　　　　　ゆめ [yume] 꿈

⑤ [o:] お단 + お, お단 + う　　　　　　　🎵 Track 02-18

おおい [o:i] 많다　　　　　　　　　とおく [to:ku] 멀리

비교

おい [oi] 남자 조카　　　　　　　　とく [toku] 이득

ようじ [yo:ji] 볼일　　　　　　　　そうち [so:chi] 장치

비교

よじ [yoji] 4시　　　　　　　　　　そち [sochi] 조치

요음(拗音) ••

요음은 'い'를 제외한 い단 글자 뒤에 작은 'や・ゆ・よ'를 붙여 '자음 + 이중모음'을
나타내며 이때 두 글자를 한 박자로 발음합니다. 예) 'しゃ'→'시야'(×)→'샤'(○)

Tip

촉음(작은 'っ')과 마찬가지로 글
자는 큰 'や・ゆ・よ'와 분명히 구
별할 수 있게 절반 정도 크기로
쓰세요!

[요음 일람표]

🎵 **Track 02-19**

	や	ゆ	よ
き	きゃ [kya]	きゅ [kyu]	きょ [kyo]
ぎ	ぎゃ [gya]	ぎゅ [gyu]	ぎょ [gyo]
し	しゃ [sha]	しゅ [shu]	しょ [sho]
じ	じゃ [ja]	じゅ [ju]	じょ [jo]
ち	ちゃ [cha]	ちゅ [chu]	ちょ [cho]
に	にゃ [nya]	にゅ [nyu]	にょ [nyo]

	や	ゆ	よ
ひ	ひゃ [hya]	ひゅ [hyu]	ひょ [hyo]
び	びゃ [bya]	びゅ [byu]	びょ [byo]
ぴ	ぴゃ [pya]	ぴゅ [pyu]	ぴょ [pyo]
み	みゃ [mya]	みゅ [myu]	みょ [myo]
り	りゃ [rya]	りゅ [ryu]	りょ [ryo]

[kya] きゃ	[kyu] きゅ	[kyo] きょ
きゃく 손님	きゅうり 오이	こきょう 고향

[gya] ぎゃ	[gyu] ぎゅ	[gyo] ぎょ
ぎゃく 역, 반대	ぎゅうにく 쇠고기	ぎょうざ 군만두

[sha] しゃ	[shu] しゅ	[sho] しょ
しゃしん 사진	あくしゅ 악수	いっしょ 같이, 함께

[ja] じゃ	[ju] じゅ	[jo] じょ
にんじゃ 닌자	じゅうじ 열 시	まじょ 마녀

[cha] ちゃ	[chu] ちゅ	[cho] ちょ
おちゃ 차, 녹차	しょうちゅう 소주	ちょきん 저금

[nya] にゃ	[nyu] にゅ	[nyo] にょ
こんにゃく 곤약	ぎゅうにゅう 우유	にょきにょき 비쭉비쭉

[hya] ひゃ	[hyu] ひゅ	[hyo] ひょ
ひゃくてん 백 점	ひゅうひゅう 획획, 씽씽	ひょうがら 표범 무늬

[bya] びゃ	[byu] びゅ	[byo] びょ
びゃくや 백야	デビュー (でびゅー) 데뷔	びょうき 병, 질병

[pya] ぴゃ	[pyu] ぴゅ	[pyo] ぴょ
ろっぴゃく 육백(600)	コンピューター (こんぴゅーたー) 컴퓨터	ぴょんぴょん 깡충깡충

[mya] みゃ	[myu] みゅ	[myo] みょ
みゃく 맥, 맥박	ミュージカル (みゅーじかる) 뮤지컬	みょうじ 성씨

[rya] りゃ	[ryu] りゅ	[ryo] りょ
りゃくご 준말	りゅうがく 유학	りょこう 여행

34

[발음 비교]

Track 02-20

- ひゃく 백
  ひやく 비약
- かきよう 쓰기 나름
  かきょう 학교
- ごじゅうに 오십이(52)
  ごじゆうに 마음대로

- こんにゃく 곤약
  こんやく 혼약(약혼)
- りゅう 용
  りゆう 이유
- おもちゃ 장난감
  おもちや 떡집

- びょういん 병원
  びよういん 미용원(미용실)
- しんにゅう 진입
  しんゆう 절친한 친구

 발음 연습 ••

● 다음 히라가나를 소리 내어 읽어 보세요.

1.

Track 02-21

① がら

② ほっぺ

③ おっと

④ げんき

⑤ べんり

⑥ でんわ

⑦ ゆうき

⑧ いいえ

⑨ みゃく

⑩ ちょきん

⑪ あくしゅ

⑫ にんじゃ

2.

Track 02-22

① げっぷ (트림)

② ばんごう (번호)

③ みっかぼうず (작심삼일)

④ せいげんじかん (제한시간)

⑤ じゅぎょう (수업)

⑥ しょっちゅう (자주, 빈번히)

⑦ りょうりょう (이용료)

⑧ はっぴゃくえん (팔백 엔)

野菜 채소

だいこん
무

にんじん
당근

じゃがいも
감자

さつまいも
고구마

はくさい
배추

ほうれんそう
시금치

キャベツ
양배추

レタス
양상추

ねぎ
파

たまねぎ
양파

なす
가지

とうがらし
고추

가타카나와 인사말

point

【가타카나】

가타카나(片仮名)는 음성적 성격이 강한 글자이므로 원래 소리를 들리는 대로 적었던 외래어 표기에 많이 사용됩니다. 그 외에도 의성어, 의태어, 상표(회사명), 강조 등으로 널리 사용됩니다. 히라가나와 한자에 비해 사용 빈도는 적은 편이지만 컴퓨터와 인터넷이 보편화된 이후, 일본어 기초 학습에서도 그 중요성이 높아졌습니다. 히라가나와 마찬가지로 50음도에 기본 글자와 발음이 정리되어 있습니다. 일부 가타카나 특유의 표기법을 제외하고 기본적으로 글자 모양만 다를 뿐, 탁음·반탁음, 요음, 촉음 등의 표기 방식은 히라가나와 동일합니다.

일본어 문장에서 비교적 적게 사용되는 '가타카나'이지만, 상품의 브랜드 이름이나 거리의 간판을 비롯해 국제화 시대에 새롭게 생겨나는 용어 등에서도 가타카나의 사용 빈도는 높아지고 있으므로 잘 익히기 바랍니다.

	ア단	イ단	ウ단	エ단	オ단
ア행	ア [a]	イ [i]	ウ [u]	エ [e]	オ [o]
カ행	カ [ka]	キ [ki]	ク [ku]	ケ [ke]	コ [ko]
サ행	サ [sa]	シ [shi]	ス [su]	セ [se]	ソ [so]
タ행	タ [ta]	チ [chi]	ツ [tsu]	テ [te]	ト [to]
ナ행	ナ [na]	ニ [ni]	ヌ [nu]	ネ [ne]	ノ [no]
ハ행	ハ [ha]	ヒ [hi]	フ [hu]	ヘ [he]	ホ [ho]
マ행	マ [ma]	ミ [mi]	ム [mu]	メ [me]	モ [mo]
ヤ행	ヤ [ya]		ユ [yu]		ヨ [yo]
ラ행	ラ [ra]	リ [ri]	ル [ru]	レ [re]	ロ [ro]
ワ행	ワ [wa]				ヲ [o]
ン	ン [N]				

가타카나는 9세기 무렵, 히라가나와 비슷한 시기에 형성되었다고 합니다. 한자 전체의 초서체에서 유래된 히라가니와 달리 가디키니는 한지의 일부를 따서 만들어진 글자입니다(예: 伊→イ). 부드러운 느낌이 있는 히라가나와 달리 직선적이고 날카로운 느낌이 특징입니다.

ア	阿	イ	伊	ウ	宇	エ	江	オ	於
カ	加	キ	機	ク	久	ケ	介	コ	己
サ	散	シ	之	ス	須	セ	世	ソ	曽
タ	多	チ	千	ツ	川	テ	天	ト	止
ナ	奈	二	仁	ヌ	奴	ネ	祢	ノ	乃
ハ	八	ヒ	比	フ	不	ヘ	部	ホ	保
マ	末	ミ	三	ム	牟	メ	女	モ	毛
ヤ	也			ユ	由			ヨ	與
ラ	良	リ	利	ル	流	レ	礼	ロ	呂
ワ	和	ヰ	井			ヱ	恵	ヲ	乎
ン	尔								

ア행

ア	イ	ウ	エ	オ
(あ)	(い)	(う)	(え)	(お)
[a]	[i]	[u]	[e]	[o]
ア　ア	イ　イ	ウ　ウ	エ　エ	オ　オ

カ행

カ	キ	ク	ケ	コ
(か)	(き)	(く)	(け)	(こ)
[ka]	[ki]	[ku]	[ke]	[ko]
カ　カ	キ　キ	ク　ク	ケ　ケ	コ　コ

サ행

サ	シ	ス	セ	ソ
(さ)	(し)	(す)	(せ)	(そ)
[sa]	[shi]	[su]	[se]	[so]
サ　サ	シ　シ	ス　ス	セ　セ	ソ　ソ

タ행

タ	チ	ツ	テ	ト
(た)	(ち)	(つ)	(て)	(と)
[ta]	[chi]	[tsu]	[te]	[to]
タ　タ	チ　チ	ツ　ツ	テ　テ	ト　ト

ナ행

ナ	ニ	ヌ	ネ	ノ
(な)	(に)	(ぬ)	(ね)	(の)
[na]	[ni]	[nu]	[ne]	[no]
ナ ナ	ニ ニ	ヌ ヌ	ネ ネ	ノ ノ

ハ행

ハ	ヒ	フ	ヘ	ホ
(は)	(ひ)	(ふ)	(へ)	(ほ)
[ha]	[hi]	[hu]	[he]	[ho]
ハ ハ	ヒ ヒ	フ フ	ヘ ヘ	ホ ホ

マ행

マ	ミ	ム	メ	モ
(ま)	(み)	(む)	(め)	(も)
[ma]	[mi]	[mu]	[me]	[mo]
マ マ	ミ ミ	ム ム	メ メ	モ モ

ヤ행

ヤ		ユ		ヨ
(や)		(ゆ)		(よ)
[ya]		[yu]		[yo]
ヤ ヤ		ユ ユ		ヨ ヨ

ラ행	ラ	リ	ル	レ	ロ
	(ら)	(り)	(る)	(れ)	(ろ)
	[ra]	[ri]	[ru]	[re]	[ro]
	ラ ラ	リ リ	ル ル	レ レ	ロ ロ

ワ행 & ン	ワ	キ	エ	ヲ	ン
	(わ)			(を)	(ん)
	[wa]			[o]	[N]
	ワ ワ			ヲ ヲ	ン ン

● 가타카나는 모양이 단순한 만큼 비슷한 글자도 많습니다. 그 중에서도 특히 혼동하기 쉬운 가타카나 를 몇 가지 소개합니다.

ン・ソ(ん・そ)	シ・ツ(し・つ)	カ・ヤ・セ(か・や・せ)
ア・マ(あ・ま)	ワ・ク(わ・く)	コ・ユ(こ・ゆ)
チ・テ(ち・て)	ナ・メ(な・め)	ソ・リ(そ・り)

● 혼동하기 쉬운 가타카나 대표 선수, 'ン・ソ・シ・ツ' 정복하기!

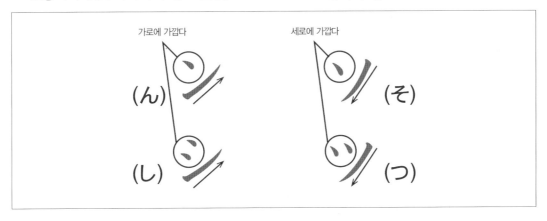

가로에 가깝다   세로에 가깝다

(ん)   (そ)

(し)   (つ)

기본적인 가타카나 표기 방법은 히라가나와 같으나 몇 가지 가타카나 특유의 표기법이 있습니다. 여기서는 그 중 사용빈도가 높은 표기법과 그에 따른 발음을 소개합니다.

① 장음부호 'ー'로 장음을 나타낸다.

　例 コーヒー(こーひー／커피)　　　　スーパー(すーぱー／슈퍼)

　단, 예외로 장음부호로 표시하지 않을 경우도 가끔 있다.

　→　ソウル(そうる／서울)

② 'テ' + 작은 'ィ'로 'ti' 발음을, 'デ' + 작은 'ィ'로 'di' 발음을 나타낸다.

　例 パーティー(ぱーてぃー／파티)　　ディズニー(でぃずにー／디즈니)

　단, 관례로 'チ/ジ'로 쓰고 발음하는 단어도 많이 있다.

　→　チケット(ちけっと／티켓)　　　ラジオ(らじお／라디오)

③ 'wi/we/wo'는 'ウ' + 작은 'ィ・エ・オ'로 나타내고 한 음절로 발음한다.

　例 ウィキペディア(うぃきぺでぃあ／위키피디아)

　　ウェブ(うぇぶ／웹)　　　　　　ウォン(うぉん／원)

　단, 관례로 'ウ' + 큰 'ィ・エ・オ'로 표기하고 두 음절로 발음하는 경우도 있다.

　→　ウインク(ういんく／윙크)　　　ウエスト(うえすと／웨이스트, 허리)

④ 'fa/fi/fe/fo'는 'フ' + 작은 'ァ・ィ・エ・オ'로 나타내고 한 음절로 발음한다.

　例 ファン(ふぁん／팬)　　　　　　フィリピン(ふぃりぴん／필리핀)

　　カフェ(かふぇ／카페)　　　　　スマートフォン(すまーとふぉん／스마트폰)

발음 연습 ···

● 다음 가타카나를 소리 내어 읽은 다음, 히라가나로 바꿔 보세요.

① コーヒー (커피)

② メニュー (메뉴)

③ ラジオ (라디오)

④ コンビニ (편의점)

⑤ カラオケ (노래방)

⑥ マンション (맨션, 아파트)

⑦ モノレール (모노레일)

⑧ デザイン (디자인)

⑨ スポーツ (스포츠)

⑩ ネクタイ (넥타이)

⑪ イギリス (영국)

⑫ アメリカ (미국)

⑬ タクシー (택시)

⑭ ハンバーガー (햄버거)

⑮ チケット (티켓)

⑯ スマホ (스마트폰–준말)

⑰ パソコン (PC–준말)

⑱ ファイル (파일)

⑲ ツイッター (트위터)

⑳ ワンピース (원피스)

가타카나로 이름 쓰기 ·······································

● 외국인 이름은 중국인, 대만인 등 일부를 제외하고 가타카나로 표기하는 경우가 대부분입니다. 물론 한국인도 예외가 아니죠. 여기서는 한국인의 이름 표기에 관한 기본적인 규칙을 익히고 실제로 써 보는 연습을 합니다.

1. 기본 규칙

① [성] 첫소리는 탁음 없이 표기.   예) 배 → ペ(○), ベ(×)

② [이름] 'ㄱ·ㄷ·ㅂ·ㅈ + 모음'은 탁음으로 표기.   예) 기 → キ(×), ギ(○)

　단, ㄱ, ㅂ 받침 다음은 관례로 탁음 없이 표기할 경우가 많다.

　예 박지성 → パク·チソン(○), パク·ジソン(△)

③ 성과 이름 사이에 '·'을 붙인다.

2. 받침 표기

ㄴ, ㅇ → ン(ん)　／　ㅁ → ム(む)　／　ㄱ → ク(く)

ㄹ → ル(る)　／　ㅂ → プ(ぷ)

3. 기타 특수 표기

① 지·치 → チ(ち)　／　자·차 → チャ(ちゃ)　／　주·추 → チュ(ちゅ)

재·제·채·체·최 → チェ(ちぇ)　／　저·조·처·초 → チョ(ちょ)

단, 'ㅈ + 모음'의 경우 둘째 음절 이후는 ㄱ, ㅂ 받침 뒤를 제외하고 'チ'를 'ジ(じ)'로 바꾸고 표기.   예) 수진 → スチン(×), スジン(○)

③ 화 → ファ(ふぁ)　／　휘 → フィ(ふぃ)　／　회 → フェ(ふぇ)　／　훠 → フォ(ふぉ)

④ 위 → ウィ(うぃ)　／　외 → ウェ(うぇ)　／　워 → ウォ(うぉ)

⑤ 예 → イェ(いぇ)

⑥ 희 → ヒ(ひ)　／　혜 → ヘ

⑦ 받침 뒤에 모음이나 'ㅎ'이 올 때는 연음화된 발음으로 표기할 경우도 많다.

　예 선희 → 서니 → ソニ(そに)　／　철우 → 처루 → チョル(ちょる)

4. 대표적인 한국인의 성씨 표기

안(アン) 이(イ) 예(イェ) 임(イム) 우(ウ) 오(オ) 엄(オム)

감(カム) 강(カン) 김(キム) 구(ク) 곽(クァク) 권(クォン) 고(コ) 공(コン)

새(サ) 심(シム) 신(シン) 서·소(ソ) 선우(ソヌ) 설(ソル) 선·성·손·송(ソン)

채(チャ) 장(チャン) 지(チ) 진(チン) 주·추(チュ) 제·채·최(チェ)

조(チョ) 전·정·천(チョン)

나(ナ) 남(ナム) 남궁(ナムグン) 노(ノ)

하(ハ) 한(ハン) 현(ヒョン) 황(ファン) 허(ホ) 홍(ホン)

박(パク) 반·방(パン) 피(ピ) 변·편(ピョン) 배(ペ) 백(ペク) 봉(ポン)

마(マ) 민(ミン) 문(ムン)

양(ヤン) 유(ユ) 윤(ユン) 여(ヨ) 염(ヨム) 연(ヨン)

류(リュ) 왕(ワン)

한글 : <u>김수진</u>

히라가나: <u>きむ・すじん</u>

가타카나: <u>キム・スジン</u>

● 위의 예처럼 자신의 이름을 한글, 히라가나, 가타카나로 써 보세요.

한글 : _____

히라가나: _____·_____

가타카나: _____·_____

● 친구 이름이나 연예인 이름 등 다른 사람 이름도 써 봅시다!

한글 : _____

히라가나: _____·_____

가타카나: _____·_____

おはようございます。
안녕하세요. (아침 인사)

こんにちは。 ※
안녕하세요. (낮 인사)

こんばんは。 ※
안녕하세요. (저녁 인사)

ありがとうございます。
감사합니다. / 고맙습니다.

ごめんなさい。
미안합니다.

すみません。
미안합니다. / 죄송합니다.
(‘ごめんなさい’보다 정중함.)

すみません。
저기요. / 실례합니다.
(남에게 말을 걸 때 쓰임.)

いただきます。
잘 먹겠습니다.

ごちそうさまでした。
잘 먹었습니다.

おやすみなさい。
안녕히 주무세요.

おひさしぶりです。
오래간만입니다.

おげんきですか。
잘 지내십니까?

※ ‘は’라고 쓰고 ‘わ’라고 읽는다. 4과 〈학습 포인트 01〉 참조.

Track 03-07

おはよう。
안녕. (아침 인사)

やあ、げんき？
안녕, 잘 지내?

ひさしぶり。
오랜만이야.

げんきだった？
잘 지냈어?

じゃあね。
그럼 안녕.

バイバイ。
바이바이.

また、あした。
내일 봐.

おやすみ。
잘 자.

おじゃまします。
들어갈게요.

いらっしゃい。
어서 와.

ありがとう。
고마워.

ごめん。
미안해.

ありがとうございました。
しつれいします。
감사합니다. 이만 가보겠습니다.

おつかれさまでした。
수고하셨습니다.

また、あした。
내일 뵙겠습니다.

また、あした。
내일 봐요.

また、らいしゅう。
다음주에 봐요.

また、らいしゅう。
다음주에 뵙겠습니다.

問題 1 (　　　)に なにを いれますか。①・②・③・④から いちばん いい ものを ひとつ
えらんで ください。

(　　　)에 무엇을 넣습니까? ① · ② · ③ · ④ 중에서 가장 알맞은 것을 하나 고르시오.

1 こんにち (　　　)。

　①や　　　　　　②は　　　　　　③わ　　　　　　④ん

2 ごちそう (　　　) でした。

　①すみ　　　　　②さま　　　　　③さい　　　　　④せん

3 おひさしぶり (　　　)。

　①ます　　　　　②ませ　　　　　③です　　　　　④でせ

問題 2 つぎの ことばの つかいかたで いちばん いい ものを ①・②・③・④から ひとつ
えらんで ください。

다음 말의 사용 방식으로 가장 알맞은 것을 ① · ② · ③ · ④ 중에서 하나 고르시오.

4 ございます

　① しつれいございます。　　　　② いただきございます。

　③ こんにちございます。　　　　④ おはようございます。

5 なさい

　① おやすみなさい。　　　　　　② こんばんなさい。

　③ ありがとなさい。　　　　　　④ すみませなさい。

食べ物 음식

和食 일본 요리

中華 중국 요리

洋食 서양 요리

ご飯 밥

みそ汁 된장국

漬物 채소를 절인 식품

刺身 회

鍋 냄비요리

焼肉 고기구이

ラーメン 라면

餃子 만두

酢豚 탕수육

がく せい
学生ですか。

학생입니까?

point

회화 ··· Dialogue

Track 04-01

佐藤 初めまして、佐藤博史です。

金 初めまして、キム・ナヨンです。

佐藤 どうぞ よろしく お願いします。

金 こちらこそ、どうぞ よろしく お願いします。

佐藤 キムさんは 学生ですか。

金 はい、学生です。佐藤さんも 学生ですか。

佐藤 いいえ、私は 学生じゃ ありません。会社員です。

Tip

초면 인사로 자주 쓰이는 표현이 '初めまして'입니다. '처음 뵙겠습니다'라고 해석되는데 한국어로는 '(만나서) 반갑습니다'라고 말할 상황에서 쓰이는 표현이라고 이해하면 됩니다. 다만 '(만나서) 반갑습니다'라는 표현은 초면이 아닌 경우에도 사용할 수 있는데 반해 '初めまして'는 초면 인사로만 사용된다는 점에 유의해야 합니다.

▶ 낱말과 표현

初めまして 처음 뵙겠습니다 | ～です ～입니다 | どうぞ よろしく お願いします 아무쪼록 잘 부탁합니다 |
こちらこそ 저야말로 | ～さん ～씨 | 学生 학생 | ～ですか ～입니까 | はい 예, 네 | ～も ～도 | いいえ 아니요 |
私 저 | ～は ～은/는 | ～じゃ ありません ～이/가 아닙니다 | 会社員 회사원

01 　～は ～です 　～은/는 ～입니다 (명사 긍정문)

私は 留学生です。　저는 유학생입니다.

石井さんは 教師です。　이시이 씨는 교사입니다.

彼女は 韓国人です。　그녀는 한국인입니다.

Tip

'은/는'에 해당하는 조사 'は'는 'は(하)'라고 쓰지만 문자 그대로 'は(하)'라고 발음하지 않고 'わ (와)'라고 발음합니다. 그러나 글 자로 쓸 때는 반드시 'は'라고 써 야 합니다.

02 　～も ～です 　～도 ～입니다

私も 大学生です。　저도 대학생입니다.

山田さんも 医者です。　야마다 씨도 의사입니다.

彼も 中国人です。　그도 중국인입니다.

▶ **낱말과 표현**

留学生 유학생 ｜ 教師 교사 ｜ 彼女 그녀(3인칭), 여자 친구 ｜ 韓国人 한국인 ｜ 大学生 대학생 ｜ 医者 의사 ｜
彼 그, 그 남자(3인칭) ｜ 中国人 중국인

03 ~ですか ~입니까? (명사 의문문)

田中さんは 公務員ですか。 → はい、私は 公務員です。

다나카 씨는 공무원입니까? → 네, 저는 공무원입니다.

先生も 日本人ですか。 → はい、先生も 日本人です。

선생님도 일본인입니까? → 네, 선생님도 일본인입니다.

04 ~じゃ(では)ありません ~이/가 아닙니다 (명사 부정문)

中野さんは 会社員ですか。 나카노 씨는 회사원입니까?

→ いいえ、私は 会社員じゃ ありません。主婦です。

→ 아니요, 저는 회사원이 아닙니다. 주부입니다.

彼も 日本人ですか。 그도 일본인입니까?

→ いいえ、彼は 日本人じゃ ありません。中国人です。

→ 아니요, 그는 일본인이 아닙니다. 중국인입니다.

Tip

형식적인 자리나 글말에서는 'では'를 많이 사용하는데 일상적인 대화에서는 '쟈'를 더 많이 사용합니다. '쟈'는 'では'의 준말입니다.

▶ **낱말과 표현**

公務員 공무원 | **先生** 선생님 | **日本人** 일본인 | **主婦** 주부

▶ 아래 예와 같이 문장을 완성해 봅시다.

예)

私 - 대학생

私は 大学生です。 저는 대학생입니다.

❶ 　キムさん - 회사원

_____ は _____ です。

❷ 　吉田さん - 주부

_____ は _____ です。

❸ 　パクさん - 한국인

_____ は _____ です。

❹ 　ワンさん - 중국인

_____ も _____ です。

❺ 　先生 - 일본인

_____ も _____ です。

▶ 아래 예와 같이 문장을 완성해 봅시다.

예)

| とおるさん
의사(×), 은행원(○) | A とおるさんは 医者_{いしゃ}ですか。 도루 씨는 의사입니까?

B いいえ、医者_{いしゃ}じゃ ありません。
아니요, 의사가 아닙니다.

銀行員_{ぎんこういん}です。 은행원입니다. |

❶ ひろしさん
은행원(×), 공무원(○)

A ひろしさんも _____ ですか。

B いいえ、_____じゃ ありません。

_____ です。

❷ まやさん
교사(×), 가수(○)

A まやさんは _____ ですか。

B いいえ、_____じゃ ありません。

_____ です。

❸ けいこさん
가수(×), 주부(○)

A けいこさんも _____ ですか。

B いいえ、_____じゃ ありません。

_____ です。

▶ 낱말과 표현

銀行員_{ぎんこういん} 은행원 | 歌手_{かしゅ} 가수

▶ 질문이 맞으면 'はい、~です'로 대답하고, 맞지 않으면 'いいえ、~じゃ ありません'으로 부정한
다음, 맞는 것이 무엇인지 '~です'로 대답해 보세요.

예)

　　　　　　さんは 韓国人ですか。

① はい、韓国人です。

② いいえ、韓国人じゃ ありません。日本人です。

1) 　　　　　　さんは 中国人ですか。

　　　　　　　　　　　　　　　　　　　　　　

2) 　　　　　　さんは 大学生ですか。

　　　　　　　　　　　　　　　　　　　　　　

3) 　　　　　　さんは 会社員ですか。

　　　　　　　　　　　　　　　　　　　　　　

4) 今は 春ですか。

　　　　　　　　　　　　　　　　　　　　　　

5) 今は 秋ですか。

　　　　　　　　　　　　　　　　　　　　　　

▶ **낱말과 표현**

今 지금 | 春 봄 | 夏 여름 | 秋 가을 | 冬 겨울

▶ 한국어 해석을 참고하여 밑줄 친 부분에 적절한 단어를 넣어 연습해 봅시다.

A　はじめまして、＿＿＿＿＿＿です。

B　はじめまして、＿＿＿＿＿＿です。

A　どうぞ よろしく おねがいします。

B　こちらこそ、どうぞ よろしく おねがいします。

A　＿＿＿＿＿＿さんは ＿＿＿＿＿＿ですか。

B　はい、＿＿＿＿＿＿です。

　　＿＿＿＿＿＿さんも ＿＿＿＿＿＿ですか。

A　いいえ、私は ＿＿＿＿＿＿じゃ ありません。

　　＿＿＿＿＿＿です。

A　처음 뵙겠습니다. (본인 이름)입니다.

B　처음 뵙겠습니다. (본인 이름)입니다.

A　아무쪼록 잘 부탁합니다.

B　저야말로 아무쪼록 잘 부탁합니다.

A　B(상대 이름) 씨는 (직업1 or 국적1)입니까?

B　네, (직업1 or 국적1)입니다.

　　A(상대 이름) 씨도 (직업1 or 국적1)입니까?

A　아니요, 저는 (직업1 or 국적1) 이/가 아닙니다.

　　(직업2 or 국적2)입니다.

한국인 펜팔에게 첫 메시지 보내기

初めまして、立花香です。会社員です。

住まいは 東京じゃ ありません。大阪です。

どうぞ よろしく お願いします。

キムさんも 会社員ですか。お住まいは どこですか。

お返事 ください。

❶ 저는 학생입니다.

❷ 그는 일본인입니다.

❸ 그녀도 회사원입니까?

❹ 저도 의사가 아닙니다.

❺ 선생님은 한국인이 아닙니다.

Hint

私　彼　彼女　先生
学生　会社員　医者
韓国人　日本人

~は　~も
~です
~ですか
~じゃ(では) ありません

▶ **낱말과 표현**

(お)住まい 사는 곳 | 東京 도쿄 | 大阪 오사카 | どこ 어디 | (お)返事 답장 | ください 주세요

問題 1 ＿＿＿＿ の ことばは どう よみますか。①・②・③・④から いちばん いい ものを
ひとつ えらんで ください。

＿＿＿의 말은 어떻게 읽습니까? ①・②・③・④ 중에서 가장 알맞은 것을 하나 고르시오.

1 私は がくせいです。

① かれ　　　　② ぼく　　　　③ わたし　　　　④ あなた

問題 2 ＿＿＿＿ の ことばは どう かきますか。①・②・③・④から いちばん いい ものを
ひとつ えらんで ください。

＿＿＿의 말은 어떻게 씁니까? ①・②・③・④ 중에서 가장 알맞은 것을 하나 고르시오.

2 せんせいは にほんじんです。

① 先生　　　　② 元壬　　　　③ 兄王　　　　④ 克牛

問題 3 （　　　）に なにを いれますか。①・②・③・④から いちばん いい ものを ひとつ
えらんで ください。

（　　　）에 무엇을 넣습니까? ①・②・③・④ 중에서 가장 알맞은 것을 하나 고르시오.

3 すずきさん （　　　）　かいしゃいんです。

① を　　　　② も　　　　③ へ　　　　④ だ

問題4 **つぎの ことばの つかいかたで いちばん いい ものを ①・②・③・④から ひとつ えらんで ください。**

다음 말의 사용 방식으로 가장 알맞은 것을 ①・②・③・④ 중에서 하나 고르시오.

4 ありません

① かれは ありませんじゃです。

② はじめましてじゃ ありませんは。

③ わたしは がくせいじゃ ありません。

④ あなたじゃは ありませんです。

問題5 **_★_ に はいる ものは どれですか。①・②・③・④から いちばん いい ものを ひとつ えらんで ください。**

_★_ 에 들어가는 것은 무엇입니까. ①・②・③・④ 중에서 가장 알맞은 것을 하나 고르시오.

5 ＿＿＿＿ ＿＿＿＿ _★_ ＿＿＿＿ します。

① おねがい　　② どうぞ　　③ こちらこそ　　④ よろしく

<ruby>職業<rt>しょくぎょう</rt></ruby> 직업

<ruby>学生<rt>がくせい</rt></ruby>
학생

<ruby>主婦<rt>しゅふ</rt></ruby>／<ruby>主夫<rt>しゅふ</rt></ruby>
주부

<ruby>教師<rt>きょうし</rt></ruby>
교사

<ruby>会社員<rt>かいしゃいん</rt></ruby>
회사원

<ruby>公務員<rt>こうむいん</rt></ruby>
공무원

<ruby>医者<rt>いしゃ</rt></ruby>
의사

<ruby>銀行員<rt>ぎんこういん</rt></ruby>
은행원

<ruby>営業<rt>えいぎょう</rt></ruby>
영업직

<ruby>事務<rt>じむ</rt></ruby>
사무직

<ruby>看護師<rt>かんごし</rt></ruby>
간호사

アルバイト*
아르바이트

<ruby>無職<rt>むしょく</rt></ruby>
무직

* 약칭 バイト

それは 何<ruby>なん</ruby>ですか。

그것은 무엇입니까?

point

회화 ········· Dialogue

Tip

'무엇'에 해당하는 '何'는 'なに'라고 발음하는 것이 기본이지만 '~です'에 접속할 때는 보통 'なん'이라고 발음합니다. 경우에 따라서 발음이 바뀌기 때문에 주의가 필요합니다.

李　それは 何ですか。

鈴木　これは 鉛筆です。

李　それは 誰の 鉛筆ですか。

鈴木　この 鉛筆は 私のです。

李　その 本も 鈴木さんのですか。

鈴木　いいえ、これは 私のじゃ ありません。

　　　山田さんのです。

▶ **낱말과 표현**

それ 그것 | 何(なん・なに) 무엇 | これ 이것 | 鉛筆 연필 | 誰 누구 | 〜の 〜의, 〜의 것
この 이 | その 그 | 本 책

68

01 지시대명사

	근칭	중칭	원칭	부정칭
사물	これ 이것	それ 그것	あれ 저것	どれ 어느 것
명사 수식	この 이	その 그	あの 저	どの 어느
장소	ここ (こちら) 여기	そこ (そちら) 거기	あそこ (あちら) 저기	どこ (どちら) 어디
방향	こっち (こちら) 이쪽	そっち (そちら) 그쪽	あっち (あちら) 저쪽	どっち (どちら) 어느 쪽

Tip

지시어는 모두 근칭부터 부정칭까지 각각 'こ・そ・あ・ど'로 시작되는 규칙을 지니기 때문에 지시어를 통틀어서 'こそあど'라고 부르는 경우가 많습니다. 'こそあど'를 순서대로 외우면 헷갈렸을 때 도움이 됩니다.

Tip

'こちら・そちら・あちら・どちら'는 장소와 방향, 둘 다 가리키는 말이며 보다 더 정중한 말투를 쓰는 상황에서 사용됩니다.

これは 何ですか。 → それは 時計です。
이것은 무엇입니까? → 그것은 시계입니다.

それは 何ですか。 → これは 眼鏡です。
그것은 무엇입니까? → 이것은 안경입니다.

あれは 何ですか。 → あれは 帽子です。
저것은 무엇입니까 → 저것은 모자입니다.

▶ **낱말과 표현**

時計 시계 | 眼鏡 안경 | 帽子 모자

02 　〜の　〜의 (소유 · 속성)

これは 先生の かばんです。 이것은 선생님의 가방입니다.

あの 人は 私の 友達です。 저 사람은 제 친구입니다.

木村さんは 英語の 先生です。 기무라 씨는 영어 선생님입니다.

それは 何の 教科書ですか。 그것은 무슨 교과서입니까?

→ これは 日本語の 教科書です。 이것은 일본어 교과서입니다.

　　※ 何の → 무엇의 → 무슨

03 　〜の　〜의 것 (명사의 생략)

この 眼鏡は 私のです。 이 안경은 제 것입니다.

その 辞書は 先生のです。 그 사전은 선생님(의) 것입니다.

あの 靴は 佐藤さんのです。 저 신발은 사토 씨(의) 것입니다.

あの 時計は 私のじゃ ありません。 저 시계는 저의 것이 아닙니다.

▶ **낱말과 표현**

先生 선생님 | かばん 가방 | 人 사람 | 友達 친구 | 英語 영어 | 何の 무슨 | 教科書 교과서 | 日本語 일본어 |
辞書 사전 | 靴 신발, 구두 |

▶ 아래 예와 같이 문장을 완성해 봅시다.

예)

이것 　A これは 何^{なん}ですか。 이것은 무엇입니까?

그것 　B それは 鉛筆^{えん ぴつ}です。 그것은 연필입니다.

❶

그것 　A ＿＿＿＿＿は 何^{なん}ですか。

이것 　B ＿＿＿＿＿は ＿＿＿＿＿＿＿です。

❷

이것 　A ＿＿＿＿＿は 何^{なん}ですか。

그것 　B ＿＿＿＿＿は ＿＿＿＿＿＿＿です。

❸

저것 　A ＿＿＿＿＿は 何^{なん}ですか。

저것 　B ＿＿＿＿＿は ＿＿＿＿＿＿＿です。

▶ 낱말과 표현

携帯^{けいたい} 휴대폰 ｜ あれ 저것 ｜ 雑誌^{ざっし} 잡지 ｜ 富士山^{ふ じ さん} 후지산

연습 2 .... Exercises 2

▶ 아래 예와 같이 문장을 완성해 봅시다.

예)

A これは 誰の 眼鏡ですか。 이것은 누구의 안경입니까?

저(나)

B その 眼鏡は 私のです。 그 안경은 저의 것입니다.

❶ A これは 誰の ＿＿＿＿＿＿＿ですか。

B その ＿＿＿＿＿＿＿は ＿＿＿＿＿のです。

저(나)

❷ A これは 誰の ＿＿＿＿＿＿＿ですか。

B その ＿＿＿＿＿＿＿は ＿＿＿＿＿のです。

선생님

❸ A これは 何の ＿＿＿＿＿＿＿ですか。

B それは ＿＿＿＿＿＿＿の ＿＿＿＿＿です。

일본어

▶ 낱말과 표현

傘 우산

72

▶ 한국어 해석을 참고하여 밑줄 친 부분에 적절한 단어를 넣어 연습해 봅시다.

A　それは なんですか。

B　これは ＿＿＿＿＿＿＿＿です。

A　それは だれの ＿＿＿＿＿＿＿＿ですか。

B　この ＿＿＿＿＿＿＿＿は わたしのです。

A　あの ＿＿＿＿＿＿＿＿も ＿＿＿＿＿＿＿＿さんのですか。

B　いいえ、あれは わたしのじゃ ありません。

　　＿＿＿＿＿＿＿＿さんのです。

A　그것은 무엇입니까?

B　이것은 (물건1)입니다.

A　그것은 누구의 (물건1)입니까?

B　이 (물건1)은/는 제 것입니다.

A　저 (물건2)도 B(상대방 이름) 씨의 것입니까?

B　아니요, 저것은 제 것이 아닙니다.

　　(제3자 이름) 씨의 것입니다.

읽기 연습 ········· Reading

화폐 박물관에서

Track 05-02

これは 日本(に ほん)の お金(かね)です。

これは 千円札(せん えん さつ)です。 この 人(ひと)は 野口英世(の ぐちひで よ)です。

この 山(やま)は 富士山(ふ じ さん)です。 この 花(はな)は 桜(さくら)です。

それは 韓国(かん こく)の お金(かね)です。

あれは 中国(ちゅうごく)の お金(かね)です。

1엔

5엔

10엔

50엔

500엔

1,000엔

2,000엔

5,000엔

10,000엔

Tip

1,000엔 지폐의 인물은 野口英世(の ぐちひでよ)이다. 세균학자로, 황열병, 매독 연구로 세 차례나 노벨상 후보에 이름을 올렸으나, 일찍 사망하는 바람에 수상에는 이르지 못했다.

Tip

5,000엔 지폐의 인물은 樋口(ひぐち)一葉(いちょう)이다. 明治(めいじ)시대의 여류 소설가로, 24세에 폐결핵으로 요절했다. 대표작으로는 たけくらべ, にごりえ, 十三夜(じゅうさんや)가 있다.

Tip

10,000엔 지폐의 인물은 福澤諭吉(ふくざわゆきち)이다. 근대 일본을 대표하는 계몽 사상가로, 일본 근대화의 아버지로 불린다.

Tip

2,000엔 지폐는 2000년에 오키나와에서 열린 G8 정상회담을 기념해서 발행한 것으로 널리 통용되는 화폐는 아니다.

▶ **낱말과 표현**

(お)金(かね) 돈 | 千円札(せん えん さつ) 천 엔권 지폐 | 野口英世(の ぐちひでよ) 노구치 히데요 | 山(やま) 산 | 花(はな) 꽃 | 桜(さくら) 벚꽃

❶ 이것은 누구의 신발입니까?

❷ 그것은 무슨 책입니까?

❸ 저 사람은 저의 친구입니다.

❹ 이 우산은 제 것입니다.

❺ 저것은 제 시계가 아닙니다. 선생님의 것입니다.

Hint

これ
それ
あれ
この
あの
<ruby>誰<rt>だれ</rt></ruby>
<ruby>何<rt>なん</rt></ruby>
<ruby>私<rt>わたし</rt></ruby>
<ruby>先生<rt>せんせい</rt></ruby>
<ruby>友達<rt>ともだち</rt></ruby>
<ruby>人<rt>ひと</rt></ruby>
<ruby>靴<rt>くつ</rt></ruby>
<ruby>本<rt>ほん</rt></ruby>
<ruby>傘<rt>かさ</rt></ruby>
<ruby>時計<rt>と けい</rt></ruby>
～は
～の
～です
～ですか
～じゃ(では)ありません

問題1 _____の ことばは どう よみますか。①・②・③・④から いちばん いい ものを
ひとつ えらんで ください。

_____의 말은 어떻게 읽습니까? ①・②・③・④ 중에서 가장 알맞은 것을 하나 고르시오.

1 あの ひとは 誰ですか。

① どれ   ② それ   ③ だれ   ④ かれ

問題2 _____の ことばは どう かきますか。①・②・③・④から いちばん いい ものを
ひとつ えらんで ください。

_____의 말은 어떻게 씁니까? ①・②・③・④ 중에서 가장 알맞은 것을 하나 고르시오.

2 これは なんですか。

① 可   ② 河   ③ 阿   ④ 何

問題3 (   )に なにを いれますか。①・②・③・④から いちばん いい ものを ひとつ
えらんで ください。

(   )에 무엇을 넣습니까? ①・②・③・④ 중에서 가장 알맞은 것을 하나 고르시오.

3 この かばんは わたし (   ) です。

① の   ② に   ③ は   ④ も

問題4 **つぎの ことばの つかいかたで いちばん いい ものを ①・②・③・④から ひとつ えらんで ください。**

다음 말의 사용 방식으로 가장 알맞은 것을 ①・②・③・④ 중에서 하나 고르시오.

[4] あの

① あのは なんですか。

② あの ひとは だれですか。

③ これは だれの あのですか。

④ これは あのの めがねですか。

問題5 **★ に はいる ものは どれですか。①・②・③・④から いちばん いい ものを ひとつ えらんで ください。**

____★ 에 들어가는 것은 무엇입니까. ①・②・③・④ 중에서 가장 알맞은 것을 하나 고르시오.

[5] いいえ、_____ _____ ___★___ _____。

① わたしのじゃ   ② かさは   ③ ありません   ④ この

<ruby>学校<rt>がっこう</rt></ruby>と<ruby>筆記用具<rt>ひっきようぐ</rt></ruby> 학교와 필기구

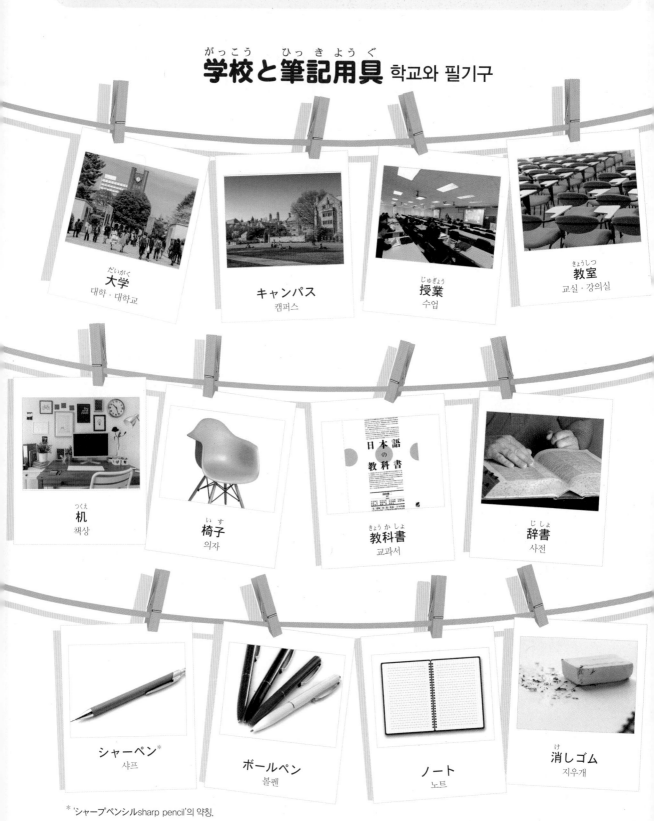

<ruby>大学<rt>だいがく</rt></ruby>
대학 · 대학교

キャンパス
캠퍼스

<ruby>授業<rt>じゅぎょう</rt></ruby>
수업

<ruby>教室<rt>きょうしつ</rt></ruby>
교실 · 강의실

<ruby>机<rt>つくえ</rt></ruby>
책상

<ruby>椅子<rt>いす</rt></ruby>
의자

<ruby>教科書<rt>きょうかしょ</rt></ruby>
교과서

<ruby>辞書<rt>じしょ</rt></ruby>
사전

シャーペン*
샤프

ボールペン
볼펜

ノート
노트

<ruby>消<rt>け</rt></ruby>しゴム
지우개

* 'シャープペンシルsharp pencil'의 약칭.

78

今 何時ですか。
いま なん じ

지금 몇 시입니까?

point

Track 06-01

朴（パク）　あの、高橋（たかはし）さん、今（いま）、何時（なんじ）ですか。

高橋（たかはし）　えっと、8時50分（はちじごじっぷん）です。

　　　　次（つぎ）の授業（じゅぎょう）は 何時（なんじ）からですか。

朴（パク）　11時（じゅういちじ）からです。高橋（たかはし）さんは。

高橋（たかはし）　私（わたし）は 午後（ごご）2時（にじ）から 4時（よじ）までです。

▶ **낱말과 표현**

あの 저…… | 今（いま）지금 | 何時（なんじ）몇 시 | えっと 음…… | 時（じ）시 | 分（ふん）분 | 次（つぎ）다음 | 授業（じゅぎょう）수업 | ～から ～부터 | ～まで ～까지 | 午後（ごご）오후

80

01 ### 数字 숫자

0	1	2	3	4	5
ゼロ・れい	いち	に	さん	し・よん(よ)	ご

6	7	8	9	10	11
ろく	しち・なな	はち	きゅう・く	じゅう	じゅういち

2박자 리듬에 따라 빨리 말해 봅시다!

♬ いち にー さん しー ごー ろく しち はち きゅう じゅう
　　1　　2　　3　　4　　5　　6　　7　　8　　9　　10

숫자에 익숙해지기

예)
$1+2=$ _3_ （いち たす に は* さん ）

❶ $4+5=$_____ （よん たす ご は ____ ）

❷ $7+3=$_____ （なな たす さん は ____ ）

❸ $8-2=$_____ （はち ひく に は ____ ）

❹ $11-4=$_____ （じゅういち ひく よん は ____ ）

Tip

다시 한 번 강조합니다. '은/는'에 해당하는 조사 'は'는 'は(하)'라고 쓰지만 문자 그대로 'は(하)'라고 발음하지 않고 'わ(와)'라고 발음합니다.

▶ **낱말과 표현**

たす 더하기 | ひく 빼기

02-1 ~時 ~시 Track 06-02

1시	2시	3시	4시	5시	6시
いちじ	にじ	さんじ	よじ	ごじ	ろくじ
7시	8시	9시	10시	11시	12시
しちじ	はちじ	くじ	じゅうじ	じゅういちじ	じゅうにじ

何時　なんじ　몇 시

02-2 ~分 ~분 Track 06-03

1분 단위		5분 단위	
1 分	いっぷん	5 分	ごふん
2 分	にふん	10 分	じっぷん(じゅっぷん)
3 分	さんぷん	15 分	じゅうごふん
4 分	よんぷん	20 分	にじっぷん(にじゅっぷん)
5 分	ごふん	25 分	にじゅうごふん
6 分	ろっぷん	30 分	さんじっぷん(さんじゅっぷん)
7 分	ななふん	35 分	さんじゅうごふん
8 分	はちふん(はっぷん)	40 分	よんじっぷん(よんじゅっぷん)
9 分	きゅうふん	45 分	よんじゅうごふん
10 分	じっぷん(じゅっぷん)	50 分	ごじっぷん(ごじゅっぷん)
		55 分	ごじゅうごふん
몇 분	何分 なんぷん	반	半 はん
오전	午前 ごぜん	오후	午後 ごご
		전	前 まえ

시간 말해 보기

❶ 7:00 → しちじです。

❷ 4:15 → よじ じゅうごふんです。

❸ 9:30 → くじ さんじっぷんです。

03 〜から 〜まで ~부터 ~까지

日本語の 授業は 何時から 何時までですか。

일본어 수업은 몇 시부터 몇 시까지입니까?

午前 8時から 午後 1時までです。

오전 8시부터 오후 1시까지입니다.

銀行は 何時から 何時までですか 。

은행은 몇 시부터 몇 시까지입니까?

銀行は 午前 9時から 午後 4時までです。

은행은 오전 9시부터 오후 4시까지입니다.

04 電話番号 전화번호

電話番号は 何番ですか。

전화번호는 몇 번입니까?

010 - 2345 - 6789 です。

(ぜろいちぜろ の にいさんよんごう の ろくななはちきゅう)

010-2345-6789입니다.

Tip

번호를 말할 때 박자를 맞추기 위해 2(にー)5(ごー)처럼 2박자로 말합니다. 또 오해가 생기는 것을 막기 위해 4는 よん, 7는 なな, 9는 きゅう를 쓰는 것이 일반적입니다.

▶ **낱말과 표현**

午前 오전 | 銀行 은행 | 何番 몇 번 | の (-) 다시

▶ 아래 예와 같이 문장을 완성해 봅시다.

예)

A 今、何時ですか。 지금 몇 시입니까?

B 今、10時20分です。 지금 10시 20분입니다.

❶

A 今、何時ですか。

B _____ です。

❷

A 今、何時ですか。

B _____ です。

❸

A 今、何時ですか。

B _____ です。

❹

A 今、何時ですか。

B _____ です。

❺

A 今、何時ですか。

B _____ です。

❻

A 今、何時ですか。

B _____ です。

회화 연습 ··· Exercises 2

▶ 주어진 질문에 예와 같이 대답해 봅시다.

① ＿＿＿＿＿さんの 携帯の 番号は 何番ですか。

예) 010-7986-3542です。 ＿＿＿＿＿＿＿＿＿＿＿＿＿＿＿＿

② 授業は 何時から 何時までですか。

예) じゅういちじから いちじまでです。 ＿＿＿＿＿＿＿＿＿＿＿＿

③ 今、何時ですか。

예) じゅうじ じっぷんです。 ＿＿＿＿＿＿＿＿＿＿＿＿＿＿＿

응용 연습 ··· Exercises 3

▶ 한국어 해석을 참고하여 밑줄 친 부분에 적절한 단어를 넣어 연습해 봅시다.

A 　あの、＿＿＿＿さん、今、何時ですか。

B 　えっと、＿＿＿＿時 ＿＿＿＿分です。次の 授業は 何時からですか。

A 　＿＿＿＿時からです。＿＿＿＿さんは？

B 　私は ＿＿＿＿から ＿＿＿＿までです。

A 　저…… ＿＿＿＿씨, 지금 몇 시입니까?

B 　음…… ＿＿＿＿시 ＿＿＿＿분입니다. 다음 수업은 몇 시부터입니까?

A 　＿＿＿＿시부터입니다. ＿＿＿＿씨는?

B 　저는 ＿＿＿＿부터 ＿＿＿＿까지입니다.

> **낱말과 표현**

番号 번호

읽기 연습 ·· Reading

Track 06-04

今日は 学校の 授業が 午前 9時から 午後 6時までです。

明日は 日本語の 会話の 試験です。試験は 10時からです。

試験の 後は 友だちと 食事です。

そして、その後は バイトです。バイトは 午後 4時から 8時
半までです。

 쓰기 연습 ·· Writing

❶ 지금 몇 시입니까?

❷ 3시 20분입니다.

❸ 수업은 오전 9시부터 11시까지입니다.

❹ 시험은 오후 2시부터입니다.

❺ 지금은 4시 10분입니다.

Hint

時
分
何時
午前
午後
今
授業
試験
〜から
〜まで

▶ **낱말과 표현**

今日 오늘 │ 学校 학교 │ 〜が 〜이/가 │ 明日 내일 │ 会話 회화 │ 試験 시험 │ 後 후 │ 〜と 〜과/와 │ 食事 식사 │
そして 그리고 │ その後 그 후 │ バイト(アルバイト의 준말) 아르바이트

問題1 ＿＿＿＿ の ことばは どう よみますか。①・②・③・④から いちばん いい ものを
ひとつ えらんで ください。

＿＿＿의 말은 어떻게 읽습니까? ① · ② · ③ · ④ 중에서 가장 알맞은 것을 하나 고르시오.

1 いま 何時ですか。

① いつも　　　② いつか　　　③ なにじ　　　④ なんじ

2 しけんは 午後 3時からです。

① ごこ　　　② ここ　　　③ ごご　　　④ こご

3 いま 4時 30分です。

① よんじ　　　② よつじ　　　③ しじ　　　④ よじ

問題2 （　　　）に なにを いれますか。①・②・③・④から いちばん いい ものを ひとつ
えらんで ください。

（　　　）에 무엇을 넣습니까? ① · ② · ③ · ④ 중에서 가장 알맞은 것을 하나 고르시오.

4 じゅぎょうは 9時から 2時 （　　　） です。

① から　　　② まえ　　　③ まで　　　④ あと

問題3 つぎの ことばの つかいかたで いちばん いい ものを ①・②・③・④から ひとつ
えらんで ください。

다음 말의 사용 방식으로 가장 알맞은 것을 ① · ② · ③ · ④ 중에서 하나 고르시오.

5 はん

① いま、はんじですか。　　　② いま、1じ はんです。

③ いま、1じ はんぷんです。　　　④ いま、1じ 30ぷん はんです。

▶ アニメ 애니메이션

일본 애니메이션은 1960년대부터 手塚治虫
(데즈카 오사무/1928-1989)에 의해 급격하게
성장했습니다. 가장 유명한 手塚 작품은 바로
〈鉄腕アトム(철완 아톰)〉(1963-66)이죠. 이
작품이 현재 30분 편성 TV 애니메이션의 시초
라고 합니다. 이후 手塚 작품에 영향을 받은 藤
子·F·不二雄(후지코 F 후지오/1933-1996)
의 〈ドラえもん(도라에몽)〉(1973-)이나 松本
零士(마쓰모토 레이지/1938-)의 〈銀河鉄道
999(スリーナイン)(은하철도 999)〉(1978-81)
등 만화를 원작으로 한 TV 애니메이션들이 흥
행에 성공하면서 일본 애니메이션 성장에 기여
했습니다.

▲ 도라에몽
▶ 은하철도999

▲ 이웃집 토토로
◀ 철완 아톰. 우리나라
에서는 '우주 소년 아
톰'으로 방영됨

한편, 극장판 애니메이션의 거장이라 하면
宮崎駿(미야자키 하야오/1941-)죠. 宮崎는
〈ルパン三世 カリオストロの城(루팡 3세 -
칼리오스트로의 성)〉(1979)로 장편 영화 애니
메이션 감독으로서 데뷔했습니다. 이후 총 11
개의 장편 영화 애니메이션을 자신의 감독 작
품으로 발표했습니다. 그 중에서도 일본적 정
서가 담긴 〈となりのトトロ(이웃집 토토
로)〉(1988)와 〈千と千尋の神隠し(센과 치히로
의 행방불명)〉(2001)는 세계적으로도 인지도가
높은 인기 작품입니다.

▶ ドラマ 드라마

일본 TV 드라마의 골든 타임은 오후 9–11시입니다. 주요 민간방송의 경우 요일마다 일주일에 1회, 1시간 편성으로 주력 드라마를 이 골든 타임에 방영합니다. 한국 드라마는 일주일에 2회씩 하는 경우가 많으니 일주일에 한 번밖에 없다는 건 참 답답하겠죠? 게다가 1시간짜리 드라마라 해도 민간방송의 경우, 방송 중에 광고가 들어가기 때문에 실질적으로 1회 내용은 40분 정도입니다. 대체로 8~12회 정도로 마지막회를 맞이하기 때문에 한국 드라마보다 훨씬 짧게 느껴집니다. 그래서 종영 드라마라면 첫회부터 마지막회까지 몰아서 하루 만에 볼 수도 있습니다. 그렇지만 밤샘은 조심!

예전에는 연애 드라마가 인기를 끄는 경우가 많았지만, 2010년대 이후의 인기 드라마는 〈家政婦のミタ(가정부 미타)〉(2011), 〈半沢直樹(한자와 나오키)〉(2013) 등 사회적 문제와 인간관계를 담은 드라마가 대세를 이루고 있습니다.

그 중 2016년 가을에 유행어, 유행가, 유행춤 등으로 사회 현상이 된 〈逃げるは恥だが役に立つ(도망치는 건 부끄럽지만 도움이 된다)〉는 연애를 다룬 드라마이면서도 예전에는 없었던 현대인들의 새로운 연애관을 그린 작품으로 주목 받았습니다.

◀ 가정부 미타
▼ 도망치는 건 부끄럽지만 도움이 된다

◀ 한자와 나오키

からだ
体 몸

* 목둘레 전체를 '首'라고 하고 목구멍(인두)은 'のど'라고 부른다.

** 손가락과 발가락을 굳이 구별할 때는 '手の指–손가락', '足の指–발가락'라고 부른다.

*** '다리'도 발'도 둘 다 'あし'라고 부르는데 한자 표기는 '다리'와 '발'을 구별하여 각각 '脚–다리', '足–발'이라고 표기한다.

お誕生日は いつですか。

생일은 언제입니까?

point

01 曜日 요일

02 日付 날짜

회화 .... Dialogue

Track 07-01

1

崔　今日は 何曜日ですか。

田中　火曜日です。

崔　じゃ、明日は 水曜日ですね。

Tip
お誕生日의「お」는 상대방에게
경의를 표현하는 데 쓰이기 때문
에 자신에게는 쓰지 않습니다.

何曜日？

火曜日！

Track 07-02

2

田中　チェさん、誕生日は いつですか。

崔　4月 8日です。

田中　え？ 明日ですね。

　　チェさん、お誕生日、おめでとうございます。

おめでとう！

▶ **낱말과 표현**

今日 오늘 | 何曜日 무슨 요일 | 火曜日 화요일 | じゃ 그럼 | 明日 내일 | 水曜日 수요일 | ですね ～이네요, ～군요 |
誕生日 생일 | いつ 언제 | え? 어? | おめでとうございます 축하합니다

01 曜日 ^{ようび} 요일

月 월요일	火 화요일	水 수요일	木 목요일	金 금요일	土 토요일	日 일요일	무슨 요일
げつ	か	すい	もく	きん	ど	にち	なん
ようび	ようび	ようび	ようび	ようび	ようび	ようび	ようび

그저께	어제	오늘	내일	모레
おととい	きのう	きょう	あした	あさって

요일 묻고 답하기

❶ 오늘은 무슨 요일입니까? → 오늘은 _____요일입니다.

今日は 何曜日ですか。 → 今日は _____ 曜日です。

❷ 내일은 무슨 요일입니까? → 내일은 _____요일입니다.

明日は 何曜日ですか。 → 明日は _____ 曜日です。

❸ 어제는 무슨 요일이었습니까? → 어제는 _____요일이었습니다.

昨日は 何曜日でしたか。 → 昨日は _____曜日でした。

▶ **낱말과 표현**

でした 이었습니다(です의 과거형)

02-1 ～月 ～월   Track 07-03

1月	2月	3月	4月	5月	6月
いち がつ	に がつ	さん がつ	し がつ	ご がつ	ろく がつ

7月	8月	9月	10月	11月	12月
しち がつ	はち がつ	く がつ	じゅう がつ	じゅういち がつ	じゅうに がつ

02-2 ～日 ～일   Track 07-04

日 にち	月 げつ	火 か	水 すい	木 もく	金 きん	土 ど
	1 ついたち	2 ふつか	3 みっか	4 よっか	5 いつか	6 むいか
7 なのか	8 ようか	9 ここのか	10 とおか	11 じゅう いちにち	12 じゅう ににち	13 じゅう さんにち
14 じゅう よっか	15 じゅう ごにち	16 じゅう ろくにち	17 じゅう しちにち	18 じゅう はちにち	19 じゅう くにち	20 はつか
21 にじゅう いちにち	22 にじゅう ににち	23 にじゅう さんにち	24 にじゅう よっか	25 にじゅう ごにち	26 にじゅう ろくにち	27 にじゅう しちにち
28 にじゅう はちにち	29 にじゅう くにち	30 さんじゅう にち	31 さんじゅう いちにち			

▶ 아래 예와 같이 문장을 완성해 봅시다.

예)

A 今日は 何月 何日ですか。 오늘은 몇 월 며칠입니까?

B 今日は 7月 7日です。 오늘은 7월 7일입니다.

A 何曜日ですか。 무슨 요일입니까?

B 水曜日です。 수요일입니다.

❶ **A** 明日は 何月 何日ですか。

B 明日は ＿＿＿＿＿＿＿＿＿＿＿＿ です。

A 何曜日ですか。

B ＿＿＿＿＿＿＿＿曜日です。

❷ **A** 昨日は 何月 何日でしたか。

B 昨日は ＿＿＿＿＿＿＿＿＿＿＿＿ でした。

A 何曜日でしたか。

B ＿＿＿＿＿＿＿＿曜日でした。

▶ 낱말과 표현

昨日 어제

▶ 주어진 질문에 예와 같이 대답해 봅시다.

① 日本語の 授業は 何曜日ですか。

예) 月曜日です。

_____

② 今日は 何月 何日ですか。

예) ５月 10日です。

_____

③ お誕生日は いつですか。

예) 4月 15日です。

_____

④ 夏休み/冬休みは いつからですか。

예) ６月 ２２日からです。

_____

▶ 낱말과 표현

授業 수업 | 夏休み 여름방학 | 冬休み 겨울방학

▶ 한국어 해석을 참고하여 밑줄 친 부분에 적절한 단어를 넣어 연습해 봅시다.

1)

A　今日は 何曜日ですか。

B　＿＿＿＿＿＿＿ です。

A　じゃ、明日は ＿＿＿＿＿＿ ですね。

A　오늘 무슨 요일입니까?

B　＿＿＿＿＿＿입니다.

A　그럼 내일은 ＿＿＿＿이네요.

2)

A　＿＿＿＿＿ さん、誕生日は いつですか。

B　＿＿＿＿月 ＿＿＿＿日です。

A　え？ 明日ですね。

　　＿＿＿＿＿ さん、お誕生日、おめでとうございます。

A　＿＿＿＿＿ 씨, 생일은 언제입니까?

B　＿＿월 ＿＿＿일입니다.

A　어? 내일이네요.

　　＿＿＿＿＿ 씨, 생일 축하합니다.

읽기 연습 ·········· Reading

 Track 07-05

私^{わたし}の 誕生日^{たんじょうび}は １０月^{じゅうがつ} ２日^{ふつか}です。明日^{あした}は 私^{わたし}の 誕生日^{たんじょうび}です。

私^{わたし}は 大学^{だいがく} ２年生^{にねんせい}で、趣味^{しゅみ}は カラオケです。

佐藤^{さとう}さんは 私^{わたし}の 友^{とも}だちです。誕生日^{たんじょうび}は ４月^{しがつ} １５日^{じゅうごにち}です。

大学^{だいがく} ３年生^{さんねんせい}で、趣味^{しゅみ}は テニスです。

今日^{きょう}から 学園祭^{がくえんさい}です。学園祭^{がくえんさい}は 火曜日^{かようび}から 金曜日^{きんようび}までです。

Tip
'대학 축제'는 大学祭^{だいがくさい} 또는 '学祭^{がくさい}'
라고 부르는 경우도 많습니다.

쓰기 연습 ·········· Writing

❶ 오늘은 무슨 요일입니까?

❷ 생일은 언제입니까?

❸ 시험은 언제부터 언제까지입니까?

❹ 내일은 9월 20일 월요일입니다. ('20일'은 히라가나로 쓸 것.)

❺ 생일 축하합니다.

Hint

今日^{きょう}　明日^{あした}　いつ
〜月^{がつ}　何曜日^{なんようび}　月曜日^{げつようび}
二十日^{はつか}　誕生日^{たんじょうび}　試験^{しけん}
〜から　〜まで
おめでとうございます

▶ 낱말과 표현

誕生日^{たんじょうび} 생일 | **大学**^{だいがく} 대학교 | **〜年生**^{ねんせい} 〜학년 | **〜で** 〜이고 | **趣味**^{しゅみ} 취미 | **カラオケ** 가라오케(노래방에서 노래 부르기) |
友だち^{とも} 친구 | **テニス** 테니스 | **学園祭**^{がくえんさい} 학교 축제 | **金曜日**^{きんようび} 금요일

問題1 _____ の ことばは どう よみますか。①・②・③・④から いちばん いい ものを
ひとつ えらんで ください。

_____의 말은 어떻게 읽습니까? ① · ② · ③ · ④ 중에서 가장 알맞은 것을 하나 고르시오.

1　お誕生日は いつですか。

　　① たんじょうひ　② たんじょうび　③ だんじょうひ　④ だんじょうび

2　きのうは 月曜日でした。

　　① がつようび　　② かつようび　　③ げつようび　　④ けつようび

3　きょうは 4月 1日です。

　　① よんげつ　　② しげつ　　③ よがつ　　④ しがつ

問題2 (　　　)に なにを いれますか。①・②・③・④から いちばん いい ものを ひとつ
えらんで ください。

(　　)에 무엇을 넣습니까? ① · ② · ③ · ④ 중에서 가장 알맞은 것을 하나 고르시오.

4　なつやすみは (　　　) からですか。

　　① どこ　　　　② なに　　　　③ だれ　　　　④ いつ

5　こどもの日は 5月 (　　　) です。

　　① いつか　　② いつつ　　③ ごがつ　　④ ごふん

▶ 外食文化 외식 문화
<ruby>外食文化<rt>がいしょくぶんか</rt></ruby>

밖에서 간단하게 밥을 먹고 싶을 때, 많은 일본 사람들이 찾는 곳은 어딜까요? 그것은 바로 '定食屋(정식집)'와 'ファミリーレストラン(패밀리 레스토랑)'입니다.

'定食屋'는 '牛丼(쇠고기 덮밥)'을 주 메뉴로 하는 '吉野家'나 '松屋'와 같은 '牛丼屋'와, '大戸屋'나 'やよい軒'과 같은 가정식 음식점으로 나누어집니다. 체인점이 많지만 개인이나 소규모로 운영하는 가게도 많이 있습니다. 점포 크기는 작은 편이고 한국의 김밥 전문점과 같은 분위기입니다. '丼もの(덮밥류)'나 일반 가정요리를 중심으로 300~1000엔 정도의 저렴한 가격으로 먹을 수 있습니다.

'ファミリーレストラン'은 대부분 체인점이며 가격이 싸기 때문에 '定食屋' 못지 않게 대중적인 음식점이라고 할 수 있습니다. 서양 요리가 중심이지만 일본 요리도 있어 '定食屋'보다 메뉴가 다양하고 'ドリンクバー(드링크바)'로 음료(술은 제외)를 무한리필 할 수 있다는 것이 강점입니다. 유명한 전국 체인으로 'サイゼリヤ', 'ガスト' 등이 있고 '定食屋'와 마찬가지로 대부분 300~1000엔 정도의 저렴한 가격으로 한 끼 식사를 해결할 수 있습니다.

▲ 함박스테이크
◀ 쇠고기덮밥

▶ 正月 설
しょうがつ

'正月'는 한국의 '설' 명절에 해당하는 연중
しょうがつ
행사입니다. 그런데 일본에서는 구정이 아니라
신정을 쇠기 때문에 양력 1월 1일을 기점으로
새해 초 며칠 동안을 '正月'라고 부르고 공휴일
しょうがつ
로 지정된 1월 3일까지를 '三が日'라고 부릅니
さん にち
다. 12월 29일부터 쉬는 날이 되는 경우가 많으
니 매우 긴 연휴가 되겠죠.

새해 첫날인 1월 1일은 '元旦'이라 부르고 이
がんたん
날 아침에 사람들은 한 해의 행운을 기원하기
위해 근처에 있는 절이나 신사, 혹은 전국적으
로 유명한 큰 절이나 큰 신사에 갑니다. 이를
첫 참배라는 뜻으로 '初詣'라고 합니다.
はつもうで

'正月'에는 'お節料理'라는 음식을 먹습니
しょうがつ   せちりょう り
다. 이것은 '三が日'에는 집안일을 쉴 수 있도
さん にち
록 보존이 잘 되는 음식을 연말에 미리 만들어
놓고 '重箱'라는 층층이 포갤 수 있는 상자 그릇
じゅうばこ
에 담아 놓은 것입니다. 최근에는 만드는 시간

까지 절약하자고 백화점이나 마트, 편의점에서
도 'お節料理'를 파는데 연말연시의 판매 전쟁
せちりょう り
이 갈수록 심해지고 있습니다.

▶ 주바코
▼오세치료리

▶ 하쓰모데

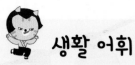
顔 (かお) 얼굴

頭 (あたま)
머리

おでこ／額 (ひたい)
이마

髪／髪の毛 (かみ／かみ け)
머리카락

眉毛 (まゆ げ)
눈썹

目 (め)
눈

まつげ
속눈썹

耳 (みみ)
귀

舌 (した)
혀

口 (くち)
입

ひげ
수염

あご
턱

鼻 (はな)
코

唇 (くちびる)
입술

歯 (は)
이

ほお／ほっぺた
볼, 뺨

102

いくらですか。

얼마입니까?

point

01 値段(ねだん) 가격

02 年齢(ねんれい) 나이

🎵 **Track 08-01**

店員　いらっしゃいませ。

朴　あの、すみません。

　　　この ケーキは いくらですか。

店員　２７０円です。

朴　コーヒーは いくらですか。

店員　コーヒーは ３２０円です。

朴　じゃ、ケーキ ひとつと コーヒーを ふたつ

　　　ください。

店員　はい、全部で ９１０円です。

▶ **낱말과 표현**

いらっしゃいませ 어서 오세요 │ あの 저⋯⋯ │ すみません 실례합니다 │ ケーキ 케이크 │ いくら 얼마 │
コーヒー 커피 │ じゃ 그럼 │ ひとつ 한 개 │ ふたつ 두 개 │ ～と ～과(와) │ ～を ～을(를) │ ください 주세요 │
全部で 모두 해서

01 　値段(ねだん) 가격

Tip

한국어로 10000은 보통 '만'이라고 하지만 일본어로는 반드시 '이치'을 붙여서 'いちまん(일만)'이라고 합니다.

10 じゅう	100 ひゃく	1,000 せん	10,000 いちまん	100,000 じゅうまん
20 にじゅう	200 にひゃく	2,000 にせん	20,000 にまん	1,000,000 ひゃくまん
30 さんじゅう	300 さんびゃく	3,000 さんぜん	30,000 さんまん	10,000,000 いっせんまん
40 よんじゅう	400 よんひゃく	4,000 よんせん	40,000 よんまん	100,000,000 いちおく
50 ごじゅう	500 ごひゃく	5,000 ごせん	50,000 ごまん	円(えん) 엔
60 ろくじゅう	600 ろっぴゃく	6,000 ろくせん	60,000 ろくまん	ウォン 원
70 ななじゅう	700 ななひゃく	7,000 ななせん	70,000 ななまん	元(げん) 위안
80 はちじゅう	800 はっぴゃく	8,000 はっせん	80,000 はちまん	ドル 달러
90 きゅうじゅう	900 きゅうひゃく	9,000 きゅうせん	90,000 きゅうまん	ユーロ 유로

큰 숫자 말해 보기

❶ 350円　　　→ ＿＿＿＿＿＿＿＿＿＿＿＿ えん

❷ 1,980円　　→ ＿＿＿＿＿＿＿＿＿＿＿＿ えん

❸ 3,600円　　→ ＿＿＿＿＿＿＿＿＿＿＿＿ えん

❹ 18,800円　→ ＿＿＿＿＿＿＿＿＿＿＿＿ えん

❺ 177,000円 → ＿＿＿＿＿＿＿＿＿＿＿＿ えん

02 年齡(ねんれい) 나이

1살	2살	3살	4살	5살	6살
いっさい	にさい	さんさい	よんさい	ごさい	ろくさい
7살	8살	9살	10살	20살	21살
ななさい	はっさい	きゅうさい	じっさい じゅっさい	はたち	にじゅう いっさい

Tip
일본에서는 나이를 만으로 셉니다.

가족 나이 말해 보기

❶ 17살 → _____ です。

❷ 20살 → _____ です。

❸ 45살 → _____ です。

❹ 52살 → _____ です。

❺ 76살 → _____ です。

Tip
나이를 묻는 표현에는 '何歳(なんさい)です
か(몇 살입니까?)'와 'おいくつで
すか(연세가 어떻게 되십니까?)'
가 있습니다. 'いくつですか'는
상황에 따라 '몇 개입니까?'가 될
수도 있습니다.

いくつ 몇 개, 몇 살				
하나	둘	셋	넷	다섯
ひとつ	ふたつ	みっつ	よっつ	いつつ
여섯	일곱	여덟	아홉	열
むっつ	ななつ	やっつ	ここのつ	とお

▶ 아래 예와 같이 문장을 완성해 봅시다.

예)

550 えん

A うどんは いくらですか。 우동은 얼마입니까?

B ごひゃく ごじゅうえんです。 550엔입니다.

❶ 860 えん

A とんかつは いくらですか。

B ＿＿＿＿＿＿＿＿＿＿＿＿＿えんです。

❷ 980 えん

A お好^{この}み焼^やきは いくらですか。

A お好み焼きは いくらですか。

B ＿＿＿＿＿＿＿＿＿＿＿＿＿えんです。

❸ 1300えん

A すし定食^{ていしょく}は いくらですか。

A すし定食は いくらですか。

B ＿＿＿＿＿＿＿＿＿＿＿＿＿えんです。

❹ 340 えん

A 牛丼^{ぎゅうどん}は いくらですか。

A 牛丼は いくらですか。

B ＿＿＿＿＿＿＿＿＿＿＿＿＿えんです。

❺ 730えん

A ラーメンは いくらですか。

B ＿＿＿＿＿＿＿＿＿＿＿＿＿えんです。

▶ 낱말과 표현

うどん 우동 | とんかつ 돈가스 | お好^{この}み焼^やき 일본식 부침개 | すし 초밥 | 定食^{ていしょく} 정식 | 牛丼^{ぎゅうどん} 쇠고기 덮밥

▶ 한국어 해석과 메뉴를 참고하여 밑줄 친 부분에 적절한 단어를 넣어 연습해 봅시다.

A　いらっしゃいませ。

B　あの、すみません。

　　この ＿＿＿＿＿＿ は いくらですか。

A　＿＿＿＿＿＿円です。

B　＿＿＿＿＿＿ は　いくらですか。

A　＿＿＿＿円です。

B　じゃ、＿＿＿＿＿＿ ひとつと

　　＿＿＿＿＿＿を ふたつ ください。

A　はい、全部で ＿＿＿＿＿円です。

◆ メニュー　menu　메뉴		
お好み焼き	定食	牛丼
680えん	1300えん	320えん
たこやき	うどん	ラーメン
400えん	280えん	570えん

A　어서 오세요.

B　저…… 실례합니다. 이 메뉴1은/는 얼마입니까?

A　＿＿＿엔입니다.

B　메뉴2은/는 얼마입니까?

A　＿＿＿＿엔입니다.

B　그럼, 메뉴1 하나와 메뉴2을/를 두 개 주세요.

A　네, 다해서 ＿＿＿엔입니다.

▶ 낱말과 표현

たこやき 다코야키

108

읽기 연습 ·········· Reading

今日は トンデムン市場に 行きました。かわいい セーターが 3万ウォンでした。スカートは 2万 8千ウォンでした。靴は 1万ウォンでした。とても 安いです。それで 私は 靴を 2足 も 買いました。全部で 7万 8千ウォンでした。

쓰기 연습 ·········· Writing

❶ 어서 오세요.

❷ 이 책은 얼마입니까?

❸ 몇 살입니까?

❹ 저 시계는 6,300엔입니다.

❺ 그럼, 우동과 돈가스를 주세요.

 Hint

何歳
いくら
円
本
時計
うどん
とんかつ
この
あの
じゃあ
～と
～を ください
いらっしゃいませ

▸ **낱말과 표현**

トンデムン市場 동대문 시장 | ～に ～에 | 行きました 갔습니다 | かわいい 귀여운 | セーター 스웨터 | ～が ～이/가 | ウォン 원 | ～でした ～이었습니다 | スカート 스커트 | 靴 신발, 구두 | とても 매우, 아주 | 安い 싸다 | それで 그래서 | ～足 ～켤레 | ～も ～(이)나 | 買いました 샀습니다

問題 1 ＿＿＿＿의 ことばは どう よみますか。①・②・③・④から いちばん いい ものを ひとつ えらんで ください。

＿＿＿의 말은 어떻게 읽습니까? ①・②・③・④ 중에서 가장 알맞은 것을 하나 고르시오.

1 私は 22歳で、いもうとは 20歳です。

① はたつ　　　　② はたち　　　　③ はだつ　　　　④ はだち

2 カツどんは 600円で、ラーメンは 550円です。

① ろくひゃく　　② ろくびゃく　　③ ろっびゃく　　④ ろっぴゃく

問題 2 （　　　）に なにを いれますか。①・②・③・④から いちばん いい ものを ひとつ えらんで ください。

（　　　）에 무엇을 넣습니까? ①・②・③・④ 중에서 가장 알맞은 것을 하나 고르시오.

3 A「この ケーキは （　　　） ですか。」

B「それは 350円です。」

① いつ　　　　　② いつか　　　　③ いくら　　　　④ いくつ

4 じゃ、コーヒーと サンドイッチ（　　　） ください。

① が　　　　　　② に　　　　　　③ へ　　　　　　④ を

5 A 「おいくつですか。」

B 「（　　　　）です。」

① にじゅうごさい　　　　　　② にじ

③ にひゃくえん　　　　　　　④ にがつ

問題 3 ＿＿＿★＿＿ に はいる ものは どれですか。①・②・③・④から いちばん いい ものを
ひとつ えらんで ください。

＿＿★ 에 들어가는 것은 무엇입니까. ① · ② · ③ · ④ 중에서 가장 알맞은 것을 하나 고르시오.

6 ぜんぶで ＿＿＿＿ ＿＿＿＿ ＿★＿ ＿＿＿＿円です。

① はっぴゃく　　② はっせん　　③ はちじゅう　　④ はちまん

7 ＿＿＿＿ ＿＿＿＿ ＿★＿ ＿＿＿＿ですか。

① この　　　　　② は　　　　　③ 本　　　　　④ いくら

일본 문화 탐방

▶ 祝日 공휴일
しゅくじつ

　일본의 공휴일은 국민 모두가 그날을 축하하고 감사하며 또는 기념한다고 하여 '国民の 祝日(국민의 축일)'라고 부르며, 아래 표와 같이 공휴일이 월요일인 경우와 천황과 관련된 날이 많은 것이 특징이라고 할 수 있습니다.
こくみん
しゅくじつ

날짜	명칭	비고
1월 1일	元日(신정) がんじつ	
1월 둘째 월요일	成人の日(성인의 날) せいじん ひ	2000년부터 월요일로 바뀜.
2월 11일	建国記念の日(건국기념의 날) けんこくきねん ひ	초대 천황이 즉위한 날.
3월 20-21일	春分の日(춘분의 날) しゅんぶん ひ	
4월 29일	昭和の日(쇼와의 날) しょうわ ひ	쇼와 천황의 탄생일.
5월 3일	憲法記念日(헌법기념일) けんぽうきねんび	
5월 4일	みどりの日(녹색의 날) ひ	
5월 5일	こどもの日(어린이날) ひ	
7월 셋째 월요일	海の日(바다의 날) うみ ひ	2002년부터 월요일로 바뀜.
8월 11일	山の日(산의 날) やま ひ	2016년부터 실시됨.
9월 셋째 월요일	敬老の日(경로의 날) けいろう ひ	2002년부터 월요일로 바뀜.
9월 22-23일	秋分の日(추분의 날) しゅうぶん ひ	
10월 둘째 월요일	体育の日(체육의 날) たいいく ひ	
11월 3일	文化の日(문화의 날) ぶんか ひ	메이지 천황의 탄생일
11월 23일	勤労感謝の日(근로감사의 날) きんろうかんしゃ ひ	천황의 궁중행사가 행해짐.
12월 23일	天皇誕生日(천황탄생일) てんのうたんじょうび	현 천황의 탄생일.

▶ 公共交通機関 [N][3] 대중교통

일본에 여행 시 버스를 대절하거나 렌터카로 이동할 수도 있지만, 특히 자유여행이라면 대중교통을 이용할 때가 많습니다. 그때 싸고 편안하게 갈 수 있다면 더욱 좋겠지요. 일본 여행지로서는 대체로 도쿄를 가장 선호하기 때문에, 여기서는 도쿄 여행을 계획하는 데 도움이 되는 도쿄의 대중교통 이용법을 알아봅니다.

대중교통을 이용할 때 일일이 표를 구매하면 번거롭기 때문에 교통카드를 이용하는 게 좋습니다. 도쿄에서는 스이카(Suica)와 파스모(PASMO)가 있는데, 카드를 구매하고 충전하여 쓸 수 있습니다. 한국처럼 환승 요금 혜택은 없지만, 통상 요금보다 2% 정도 할인되며 가게에 따라서는 쇼핑이나 식사도 교통카드로 결제할 수 있습니다. 이들 카드는 수도권뿐만 아니라 홋카이도에서 규슈까지 다른 지역에서도 쓸 수 있습니다.

어디를 가느냐에 따라 그에 맞는 자유승차권을 구매하면 보다 저렴하게 여행할 수 있습니다. 흔히 도쿄라고 하지만 정확하게는 도쿄도(東京都)이며, 도쿄시는 없고 도쿄특별구(東京特別区)입니다. 도쿄의 중심부인 특별구 내를 관광할 때는 도쿄메트로(東京メトロ) 24시간 승차권(600엔)을 구매하여 지하철을 이용하면 좋습니다. 도쿄메트로는 민영회사이며 9개 노선이 있는데, 가는 곳에 따라 도쿄도가 운영하는 도영지하철(都営地下鉄) 4개 노선도 공통적으로 탈 수 있는 일일승차권(1000엔)을 사면 더 많은 관광지를 볼 수 있지요. 도쿄도가 운영하는 지하철뿐만 아니라 버스나 전철을 자유롭게 하루 이용할 수 있는 승차권(700엔)도 있습니다. 이 밖에도 편리하고 저렴한 티켓이 많으며 목적지에 따라 잘 이용하면 좋습니다.

メニュー 메뉴

ていしょく
定食
정식

ランチ
점심특선

カレーライス
카레라이스

ハンバーグ
햄버그스테이크

サンドイッチ
샌드위치

サラダ
샐러드

この や
お好み焼き
오코노미야키

や
焼きそば
야키소바

とんかつ
돈가스

あ
から揚げ
일본식 닭튀김

てん
天ぷら
튀김요리

どん
かつ丼
돈가스 덮밥

114

日本語は
おもしろいです。

日본어는 재미있습니다.

point

01 형용사 (い형용사, な형용사)

02 ～は どうですか。 ～은/는 어떻습니까?

회화 ·· Dialogue

 Track 09-01

渡辺　カンさん、日本語の 勉強は どうですか。

姜　とても おもしろいです。

　　渡辺さん、韓国語の 授業は どうですか。

渡辺　楽しいです。でも、ちょっと むずかしいです。

姜　そうですか。韓国語の 先生は 親切ですか。

渡辺　そうですね。あまり 親切じゃ ありません。

▶ **낱말과 표현**

日本語 일본어 | 勉強 공부 | どうですか 어떻습니까? | とても 매우, 아주 | おもしろい 재미있다 | 韓国語 한국어 |
授業 수업 | 楽しい 즐겁다 | でも 하지만 | ちょっと 조금, 약간 | 難しい 어렵다 | そうですか 그래요? |
親切だ 친절하다 | そうですね 글쎄요

116

01 형용사

» い형용사

暑<small>あつ</small>い	덥다	高<small>たか</small>い	비싸다	おもしろい	재미있다
寒<small>さむ</small>い	춥다	安<small>やす</small>い	싸다	かわいい	귀엽다
大<small>おお</small>きい	크다	おいしい	맛있다	かっこいい	멋있다
小<small>ちい</small>さい	작다	難<small>むずか</small>しい	어렵다	いい	좋다

» な형용사

親切<small>しんせつ</small>だ	친절하다	静<small>しず</small>かだ	조용하다	簡単<small>かんたん</small>だ	간단하다
元気<small>げんき</small>だ	건강하다	有名<small>ゆうめい</small>だ	유명하다	便利<small>べんり</small>だ	편리하다
きれいだ	예쁘다, 깨끗하다				

	い형용사	な형용사
기본형	おおきい 크다	きれいだ 예쁘다
긍정	おおきいです 큽니다	きれいです 예쁩니다
부정	おおきく ありません (おおきく ないです) 크지 않습니다	きれいじゃ ありません (きれいじゃ ないです) 예쁘지 않습니다
예외	※いい (좋다) いく ありません(×) よく ありません(○) 좋지 않습니다	

> **Tip**
>
> な형용사는 사전에는 'だ'가 없는 형태로 나옵니다. 예를 들어 '親切だ'에서 'だ'를 뺀 '親切' 형태로 나온다는 것입니다. 이 '親切' 부분을 な형용사의 '어간'이라고 합니다. 한국어의 '친절'에 해당하는 부분이죠. 일본어로 '친절하다'의 '하다'까지 나타내기 위해서는 'だ'를 붙여야 합니다. 그래서 교과서의 단어장에는 대부분 '어간+だ'로 나오게 됩니다.

02   형용사 + です (긍정)

» い형용사 　〜い + です。

ねこは かわいいです。 고양이는 귀엽습니다.

私の 家は 大きいです。 나의 집은 큽니다.

その かばんは 高いです。 그 가방은 비쌉니다.

» な형용사 　〜だ + です。

図書館は 静かです。 도서관은 조용합니다.

この 花は きれいです。 이 꽃은 예쁩니다.

山田さんは 元気です。 야마다 씨는 건강합니다.

03   형용사의 부정 표현

» い형용사 　〜い → く ありません

日本語は 難しく ありません。 일본어는 어렵지 않습니다.

＊今日は 天気が よく ありません。 오늘은 날씨가 좋지 않습니다.

» な형용사 　〜だ → じゃ ありません

教室は きれいじゃ ありません。 교실은 깨끗하지 않습니다.

この 試験は 簡単じゃ ありません。 이 시험은 간단하지 않습니다.

Tip

'좋다'는 「いい」「良い」 둘 다 쓰지만 활용할 때는 「良い」를 씁니다. 그래서 '좋지 않습니다'는 「いく ありません」이 아니라 「良く ありません」이 됩니다.

▶ **낱말과 표현**

ねこ 고양이 | かわいい 귀엽다 | 家 집 | 大きい 크다 | 高い 비싸다 | 図書館 도서관 | 静かだ 조용하다 |
花 꽃 | きれいだ 예쁘다 | 元気だ 건강하다, 활발하다 | 天気 날씨 | いい 좋다 | 教室 교실 | 試験 시험 |
簡単だ 간단하다 | あまり 그다지, 별로

04 ～は どうですか。 ～은/는 어떻습니까?

日本語の 勉強は どうですか。 일본어 공부는 어떻습니까?

先生は どうですか。 선생님은 어떻습니까?

▶ 묻고 답해 봅시다.

① 韓国の 映画は どうですか。 한국 영화는 어떻습니까?

とても おもしろいです。 아주 재미있습니다.

② この 店は どうですか。 이 가게는 어떻습니까?

とても 安いです。 아주 쌉니다.

③ この 携帯は どうですか。 이 휴대폰은 어떻습니까?

とても 便利です。 아주 편리합니다.

④ 日本語の 先生は どうですか。 일본어 선생님은 어떻습니까?

とても 親切です。 아주 친절합니다.

▶ 낱말과 표현

韓国 한국 | **映画** 영화 | **安い** 싸다 | **携帯** 휴대폰 | **便利だ** 편리하다

▶ 아래 예와 같이 문장을 완성해 봅시다.

예)

① 今日は 寒いですか。 오늘은 춥습니까?

はい、寒いです。 네, 춥습니다.

いいえ、寒く ありません。 아니요, 춥지 않습니다.

② 図書館は 静かですか。 도서관은 조용합니까?

はい、静かです。 네, 조용합니다.

いいえ、静かじゃ ありません。 아니요, 조용하지 않습니다.

❶ 勉強は 難しいですか。

はい、＿＿＿＿＿＿＿＿＿＿＿＿＿＿＿＿。

いいえ、＿＿＿＿＿＿＿＿＿＿＿＿＿＿。

❷ 成績は いいですか。

はい、＿＿＿＿＿＿＿＿＿＿＿＿＿＿＿＿。

いいえ、＿＿＿＿＿＿＿＿＿＿＿＿＿＿。

❸ この 歌手は 有名ですか。

はい、＿＿＿＿＿＿＿＿＿＿＿＿＿＿＿＿。

いいえ、＿＿＿＿＿＿＿＿＿＿＿＿＿＿。

❹ この 教室は きれいですか。

はい、＿＿＿＿＿＿＿＿＿＿＿＿＿＿＿＿。

いいえ、＿＿＿＿＿＿＿＿＿＿＿＿＿＿。

▶ 낱말과 표현

難しい 어렵다 ｜ 成績 성적 ｜ 歌手 가수 ｜ 有名だ 유명하다 ｜ きれいだ 깨끗하다

▶ 주어진 질문에 예와 같이 대답해 봅시다.

① 日本語の 授業は どうですか。

예) とても おもしろいです。

_____

② 日本の 食べ物は どうですか。

예) あまり おいしく ありません。

_____

③ ___★___ (さん)は かわいいですか。(★도라에몽, 가오나시, 사람 이름 등)

예) はい、とても/すごく/ちょっと/まあまあ かわいいです。

いいえ、あまり/ぜんぜん かわいく ありません。

_____

④ ___★___ さんは かっこいいですか。(★연예인 이름, 학생 이름 등)

예) いいえ、あまり かっこよく ありません。

_____

▶ 낱말과 표현

食べ物 음식, 먹을 것 | すごく 몹시 | ちょっと 조금 | まあまあ 그런대로 | ぜんぜん 전혀 |
かっこいい 멋있다, 근사하다

▶ 한국어 해석을 참고하여 밑줄 친 부분에 적절한 단어를 넣어 연습해 봅시다.

A _____さん、日本語の 勉強は どうですか。

B とても _____★____。

_____さん、_____の 授業は どうですか。

A _____★____。でも、ちょっと _____★____。

B そうですか。_____の 先生は ____☆____。

A はい/いいえ、____☆____。

A _____ 씨, 일본어 공부는 어떻습니까?

B 아주 ____★___.

_____ 씨, 한국어/영어/중국어 수업은 어떻습니까?

A ___★___. 하지만 조금 ___★___.

B 그래요. 한국어/영어/중국어 선생님은 ___☆___?

A 네/아니요, ___☆___.

Hint

★
面白い 재미있다
難しい 어렵다
楽しい 즐겁다
簡単だ 간단하다
退屈だ 지루하다, 심심하다
眠い 졸리다

☆
きれいだ 예쁘다
親切だ 친절하다
怖い 무섭다
優しい 상냥하다
厳しい 엄하다

낱말과 표현

英語 영어 | 中国語 중국어

122

읽기 연습 .... Reading

Track 09-02

キムさんは 私(わたし)の 友(とも)だちです。とても 仲(なか)が いいです。

キムさんは とても かわいいです。そして 親切(しんせつ)です。

昨日(きのう)は キムさんの 誕生日(たんじょうび)でした。それで 友(とも)だちと

パーティーを しました。

パーティーは とても 楽(たの)しかったです。

でも、料理(りょうり)は あまり おいしく ありませんでした。

Tip

い형용사의 과거형은 'い'를 빼고 'かった'를 붙여 [たのし + かったです(즐거웠습니다)]와 같이 만들 수 있습니다. 또한 な형용사 과거형은 'だ'를 빼고 'でした'를 붙여 [しんせつだ + でした (친절했습니다)]와 같이 만들 수 있습니다.

쓰기 연습 .... Writing

❶ 오늘은 덥습니다.

❷ 이 책은 아주 재미있습니다.

❸ 일본어는 별로 어렵지 않습니다.

❹ 이 가게는 조용합니다.

❺ 저 사람은 예쁩니다. 하지만 친절하지 않습니다.

Hint

今日(きょう) 本(ほん) 日本語(にほんご)
店(みせ) 人(ひと) この あの
暑(あつ)い おもしろい
難(むずか)しい 静(しず)かだ
きれいだ 親切(しんせつ)だ
とても あまり
~(い형용사)く ありません
~(な형용사)じゃ ありません

▶ 낱말과 표현

友(とも)だち 친구 | とても | 仲(なか)が いい 매우 사이가 좋다 | 昨日(きのう) 어제 | ~でした ~이었습니다 | それで 그래서 |
パーティー 파티 | ~を ~을/를 | しました 했습니다 | 楽(たの)しかったです 즐거웠습니다 | でも 하지만 | 料理(りょうり) 요리 |
おいしい 맛있다 | ~く ありませんでした ~지 않았습니다

問題1 ＿＿＿＿ の ことばは どう よみますか。①・②・③・④から いちばん いい ものを
ひとつ えらんで ください。

＿＿＿의 말은 어떻게 읽습니까? ①・②・③・④ 중에서 가장 알맞은 것을 하나 고르시오.

1 きょうは 暑いですね。

① あてい　　　② あつい　　　③ さめい　　　④ さむい

2 この へやは とても 静かです。

① しずか　　　② まどか　　　③ さやか　　　④ のりか

3 かとうさんは とても 親切な 人です。

① しんせち　　　② しんせつ　　　③ ちんせつ　　　④ ちんせち

問題2 (　　　)に なにを いれますか。①・②・③・④から いちばん いい ものを ひとつ
えらんで ください。

(　　　)에 무엇을 넣습니까? ①・②・③・④ 중에서 가장 알맞은 것을 하나 고르시오.

4 私の ともだちは (　　　) です。

① かわい　　　② かわいく　　　③ きれい　　　④ きれいな

5 えいごは (　　　) むずかしいです。

① すぐに　　　② べつに　　　③ あまり　　　④ とても

6 この ほんは あまり （　　　） ありません。

　　① たかいく　　　② たかいじゃ　　　③ たかく　　　④ たかじゃ

　★ に はいる ものは どれですか。①・②・③・④から いちばん いい ものを
ひとつ えらんで ください。

　　____★ 에 들어가는 것은 무엇입니까. ①・②・③・④ 중에서 가장 알맞은 것을 하나 고르시오.

7 _____ _____ __★__ _____ ですね。

　　① 人　　　　② きれい　　　③ とても　　　④ な

季節 계절
<small>き せつ</small>

春 봄
<small>はる</small>

夏 여름
<small>なつ</small>

秋 가을
<small>あき</small>

冬 겨울
<small>ふゆ</small>

暖かい 따뜻하다
<small>あたた</small>

暑い 덥다
<small>あつ</small>

涼しい 서늘하다
<small>すず</small>

寒い 춥다
<small>さむ</small>

花見 꽃구경
<small>はな み</small>

花火 불꽃놀이
<small>はな び</small>

紅葉 단풍
<small>こうよう</small>

雪 눈
<small>ゆき</small>

126

どんな 音楽(おんがく)が 好(す)きですか。

어떤 음악을 좋아합니까?

point

Track 10-01

山本 チョさんは どんな 音楽が 好きですか。

趙 静かな 音楽が 好きです。

山本 私もです。スポーツは 何が 好きですか。

趙 そうですね。サッカーが 好きです。山本さんは。

山本 私は サッカーより テニスの 方が 好きです。

趙 私も テニスが 好きです。でも、あまり 上手じゃ ありません。

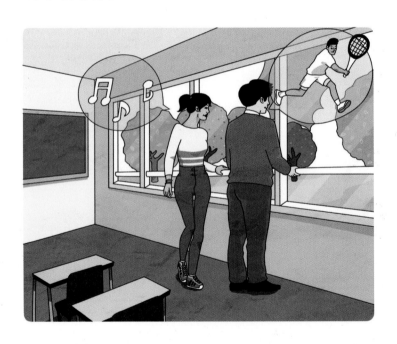

▶ **낱말과 표현**

どんな 어떤 | 音楽 음악 | 好きだ 좋아하다 | 静かだ 조용하다 | ～も ～도 | スポーツ 스포츠 | 何 무엇 | サッカー 축구 | ～より ～보다 | テニス 테니스 | ～方 ～쪽 | でも 하지만 | あまり 별로 | 上手だ 잘하다

01 　형용사의 명사 수식

01-1 【형용사】+【명사】

>> い형용사　～い + 명사

かわいい 犬^{いぬ}　귀여운 개

>> な형용사　～な + 명사

有名^{ゆうめい}な 人^{ひと}　유명한 사람

| 예문 |

❶ おもしろい 映画^{えいが}です。 재미있는 영화입니다.

❷ きれいな 人^{ひと}です。 예쁜 사람입니다.

❸ おいしい 料理^{りょうり}です。 맛있는 요리입니다.

❹ 釜山^{ブサン}は にぎやかな ところです。 부산은 번화한 곳입니다.

01-2 　どんな+【명사】 어떤～

>> どんな 人^{ひと} 어떤 사람　どんな ところ 어떤 곳(장소)

| 예문 |

❶ 日本語^{にほんご}の 先生^{せんせい}は どんな 人^{ひと}ですか。

일본어 선생님은 어떤 사람입니까?

❷ 東京^{とうきょう}は どんな ところですか。 도쿄는 어떤 곳입니까?

❸ 沖縄^{おきなわ}は 海^{うみ}が きれいな ところです。

오키나와는 바다가 예쁜 곳입니다.

▶ **낱말과 표현**

かわいい 귀엽다 | 犬^{いぬ} 개(강아지) | 有名^{ゆうめい}だ 유명하다 | 人^{ひと} 사람 | おもしろい 재미있다 | 映画^{えいが} 영화 | きれいだ 예쁘다 |
おいしい 맛있다 | 料理^{りょうり} 요리 | 釜山^{ブサン} 부산 | にぎやかだ 번화하다 | ところ 곳 | 沖縄^{おきなわ} 오키나와 | 海^{うみ} 바다

02 형용사의 て형

» い형용사　〜くて ＋ です。
小さくて かわいいです。 작고 귀엽습니다.

» な형용사　〜で ＋ です。
きれいで 親切です。 예쁘고 친절합니다.

|예문|

❶ 安い ＋ おいしい

この 店は 安くて おいしいです。 이 가게는 싸고 맛있습니다.

❷ 親切だ ＋ 優しい

先生は 親切で 優しい 人です。 선생님은 친절하고 상냥한 사람입니다.

❸ 静かだ ＋ きれいだ

ここは 静かで きれいな ところです。
여기는 조용하고 깨끗한 곳입니다.

03 [명사]が [好きだ / 嫌いだ / 上手だ / 下手だ]

私は 音楽が 好きです。 저는 음악을 좋아합니다.

木村さんは 犬が 嫌いです。 기무라 씨는 개를 싫어합니다.

私の 友達は 料理が 上手です。 저의 친구는 요리를 잘합니다.

彼は サッカーが 下手です。 그는 축구를 잘 못합니다.

Tip

'좋아하다, 싫어하다, 잘하다, 못하다' 앞에 쓰는 조사는 '을/를'이지만 일본어에서는 '을/를'에 해당하는 조사로 'を'를 쓰지 않고 'が'를 씁니다.

▶ **낱말과 표현**

小さい 작다 ｜ 親切だ 친절하다 ｜ 店 가게 ｜ 安い 싸다 ｜ 優しい 상냥하다, 다정하다 ｜ しずかだ 조용하다 ｜
きれいだ 깨끗하다 ｜ 嫌いだ 싫어하다 ｜ 下手だ 못하다, 서툴다

04 비교 표현

A コーヒーと お茶、どちらが 好きですか。
커피와 녹차 어느 쪽을 좋아합니까?

B お茶より コーヒーの 方が 好きです。 녹차보다 커피를 더 좋아합니다.

B どちらも 好きじゃ ありません。 둘 다 좋아하지 않습니다.

| 예문 |

❶ ソウルと 釜山、どちらが 寒いですか。
서울과 부산 어느 쪽이 춥습니까?

→ 釜山より ソウルの ほうが 寒いです。
부산보다 서울이 더 춥습니다.

❷ 富士山と ソラク山、どちらが 高いですか。
후지산과 설악산, 어느 쪽이 높습니까?

→ ソラク山より 富士山の ほうが 高いです。
설악산보다 후지산이 더 높습니다.

❸ 日本語と 英語、どちらが 上手ですか。
일본어와 영어 어느 쪽을 잘합니까?

→ 英語より 日本語の ほうが 上手です。
영어보다 일본어를 더 잘합니다.

▶ **낱말과 표현**

どちら 어느 쪽 | コーヒー 커피 | お茶 녹차 | ソウル 서울 | 寒い 춥다 | 富士山 후지산 | ソラク山 설악산 |
高い 높다 | 英語 영어

▶ 아래 예와 같이 문장을 완성해 봅시다.

예)

① お母さんは どんな 人ですか。 어머님은 어떤 사람입니까?

優しい → 優しい人です。 상냥한 사람입니다.

② 大阪は どんな ところですか。 오사카는 어떤 곳입니까?

にぎやかだ → にぎやかな ところです。 번화한 곳입니다.

❶ キムさんの 時計は どんな 時計ですか。

→ ＿＿＿＿＿＿＿＿＿時計です。

❷ 東京は どんな ところですか。

→ ＿＿＿＿＿＿＿＿＿ところです。

❸ ハワイは どんな ところですか。

→ ＿＿＿＿＿＿＿＿＿ところです。

❹ 田中さんは どんな 人ですか。

→ ＿＿＿＿＿＿＿＿＿人です。

▶ **낱말과 표현**

お母さん 어머니 | 優しい 상냥하다, 다정하다 | 大阪 오사카 | 時計 시계 | 高い 비싸다 | 東京 도쿄 | 便利だ 편리하다 | ハワイ 하와이 | 暑い 덥다 | 元気だ 활기차다, 활발하다

▶ 아래 예와 같이 문장을 완성해 봅시다.

예)

A うどんと そば、どちらが 好^すきですか。

우동과 메밀국수 어느 쪽을 좋아합니까?

B うどん/そばの ほうが 好^すきです。

우동/메밀국수 쪽을 더 좋아합니다.

＊どちらも 好^すきです。　どちらも 好^すきじゃ ありません。

둘 다 좋아합니다.　　　　둘 다 좋아하지 않습니다.

❶

A ＿＿＿＿＿ と ＿＿＿＿＿ どちらが 好^すきですか。

B ＿＿＿＿＿＿＿＿の ほうが 好^すきです。

いぬ / ねこ

❷

A ＿＿＿＿＿ と ＿＿＿＿＿ どちらが 好^すきですか。

B ＿＿＿＿＿＿＿＿＿ の ほうが 好^すきです。

ごはん / パン

❸

A ＿＿＿＿＿ と ＿＿＿＿＿ どちらが 好^すきですか。

B ＿＿＿＿＿＿＿＿＿ の ほうが 好^すきです。

日本語^{にほんご} / 英語^{えいご}

❹

A ＿＿＿＿＿ と ＿＿＿＿＿ どちらが 上手^{じょうず}ですか。

B ＿＿＿＿＿＿＿＿＿ の ほうが 上手^{じょうず}です。

ギター / ピアノ

▶ 낱말과 표현

ねこ 고양이 ｜ ごはん 밥 ｜ パン 빵 ｜ ギター 기타(악기) ｜ ピアノ 피아노

▶ 주어진 질문에 예와 같이 대답해 봅시다.

① どんな 人が 好きですか。

예) かわいい 人が 好きです。

예) 親切で 元気な 人が 好きです。

_____

② どんな 食べ物が 好きですか。

예) さしみが 好きです。

_____

③ 嫌いな ものは 何ですか。

예) へびが 嫌いです。

_____

▶ 낱말과 표현

もの 것 ┃ さしみ 회 ┃ へび 뱀

응용 연습 ·· Exercises 4

▶ 한국어 해석을 참고하여 밑줄 친 부분에 적절한 단어를 넣어 연습해 봅시다.

A _____さんは どんな 音楽が 好ですか。

B _____★ 音楽が 好きです。

A 私もです。スポーツは 何が 好きですか。

B そうですね。 ☆1 が 好きです。_____さんは。

A 私は _____☆1 より

_____☆2 の 方が 好きです。

B 私も ☆2 が 好きです。

でも、あまり 上手じゃ ありません。

A _____ 씨는 어떤 음악을 좋아합니까?

B _____★ 음악을 좋아합니다.

A 저도요. 스포츠는 무엇을 좋아합니까?

B 글쎄요. ☆1 을/를 좋아합니다. _____ 씨는요?

A 저는 ☆1 보다 ☆2 쪽을 더 좋아합니다.

B 저도 ☆2 을/를 좋아합니다.

하지만 별로 잘하지 못합니다.

★(형용사)
静かな 조용한
きれいな 예쁜
アップテンポな 업템포한
うるさい 시끄러운
激しい 열렬한
あかるい 밝은

☆(스포츠)
サッカー 축구
テニス 테니스
野球 야구
バスケットボール 농구
バレーボール 배구
卓球 탁구
バドミントン 배드민턴
スキー 스키
スケート 스케이트
マラソン 마라톤
柔道 유도
空手 가라테
テコンドー 태권도
剣道 검도

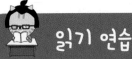
 Track 10-02

私は アニメが 大好きです。日本の アニメの 中では トトロが 一番 好きです。それから、日本の 食べ物も 好きです。日本人 の 友だちと よく ラーメンを 食べます。その 友だちは 料理が 上手で、その 中でも お好み焼きが 一番 上手です。でも、私 は お好み焼きより たこ焼きの ほうが 好きです。

 쓰기 연습 .... Writing

▶ 자신이 좋아하는/싫어하는 것들, 잘하는/못하는 것들을 써 봅시다.

私は ＿＿＿＿＿＿＿＿＿が 好きです。 저는 ~을/를 좋아합니다.

私は ＿＿＿＿＿＿＿＿＿が 嫌いです。 저는 ~을/를 싫어합니다.

私は ＿＿＿＿＿＿＿＿＿が 上手です。 저는 ~을/를 잘합니다.

私は ＿＿＿＿＿＿＿＿＿が 下手です。 저는 ~을/를 잘 못합니다.

▶ **낱말과 표현**

アニメ 애니메이션 | 大好きだ 매우 좋아하다 | 中では 중에서는 | トトロ 토토로 | 一番 가장 | それから 그리고 |
食べ物 음식 | よく 자주 | 食べます 먹습니다 | その 中でも 그 중에서도 | お好み焼き 일본식 부침개 | でも 하지만 |
たこ焼き 다코야키 | ～の ほうが ～이/가 더

問題 1 _____ の ことばは どう よみますか。① · ② · ③ · ④から いちばん いい ものを
ひとつ えらんで ください。

_____의 말은 어떻게 읽습니까? ① · ② · ③ · ④ 중에서 가장 알맞은 것을 하나 고르시오.

1 私の ともだちは りょうりが 上手です。

① へた ② かしゅ ③ じょうず ④ じょうしゅ

2 私は べんきょうが 嫌いです。

① こわい ② よわい ③ きれい ④ きらい

問題 2 (   )に なにを いれますか。① · ② · ③ · ④から いちばん いい ものを ひとつ
えらんで ください。

(   )에 무엇을 넣습니까? ① · ② · ③ · ④ 중에서 가장 알맞은 것을 하나 고르시오.

3 せんせいは (   ) やさしい 人です。

① しんせつだ ② しんせつで ③ しんせつに ④ しんせつの

4 私は (   ) 人が すきです。

① げんきだ ② げんきで ③ げんきな ④ げんきに

JLPT에 도전!! ·························· Actual practice

問題3 ＿★＿ に はいる ものは どれですか。①・②・③・④から いちばん いい ものを
ひとつ えらんで ください。

＿★＿ 에 들어가는 것은 무엇입니까. ①·②·③·④ 중에서 가장 알맞은 것을 하나 고르시오.

5 私は いぬ＿＿＿ ＿★＿ ＿＿＿ ＿＿＿です。

　① ねこの　　　② すき　　　③ ほうが　　　④ より

일본 문화 탐방

▶ コンビニ 편의점

1인 가구 및 고령인구의 증가 등에 따른 식생활의 변화로 편의점의 성장세가 이어지고 있습니다. 이는 한국도 마찬가지여서 2016년 편의점 점포 수는 3만 개를 돌파하였고 업계 상위 3사인 CU, GS25, 코리아세븐의 매출합계도 14조 원을 넘어섰다고 합니다. 이 금액은 백화점 상위 3사인 롯데, 현대, 신세계백화점의 매출 12조3000억 원을 2조원 가까이 앞지른 규모입니다.

한국 사람들은 대체로 CU를 선호하는데, 일본에서는 세븐일레븐이 가장 인기가 좋습니다. 점포수가 2015년도 기준 18,572개이며 매출이 4조2910억 엔이나 됩니다. 그 매출 규모는 어마어마하지요. 한국의 상위 3사를 합친 것의 3배 이상이나 되는 어마어마한 규모입니다. 그만큼 일본인들이, 아니 일본을 방문한 외국인들도 세븐일레븐에서 상품을 산다는 이야기입니다.

어떤 상품이 인기가 있을까요? 여기에서는 먹거리를 위주로 알아봅니다.

현재 방송은 끝났지만 '所さんのニッポンの出番'(도코로 씨의 REDICOVER JAPAN)이라는 TV프로에서 외국인이 시식하여 매기는 맛있는 랭킹 'コンビニグルメ'(편의점 먹거리)를 발표했습니다.

여기에서는 베스트3만 소개하겠습니다. 3위는 '金のビーフカレー'(금의 비프카레)입니다. 22종류의 향신료와 야채에서 나온 수분으로 만든 카레 루가 특징. 전자레인지로 가열해 쉽게 먹을 수 있습니다. 2위는 'さばの塩焼'(고등어 소금구이)입니다. 비린내가 안 나고 뼈도 전혀 없기 때문에 외국인도 좋아할 수밖에 없지요. 1위는 'マンゴーアイスバー'(망고 아이스바)입니다. 신선한 망고를 그대로 먹는 듯하다고 다들 절찬입니다. 4년 동안 113회에 걸쳐 시험 제작한 결과라고 하니 그야말로 일본의 정신이 깃든 상품이라고 할 수 있겠죠. 다음에 일본에 가면 꼭 먹어 보세요.

スポーツ 스포츠

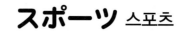

野球
야구

サッカー
축구

ラグビー
럭비

テニス
테니스

バドミントン
배드민턴

バレーボール*
배구

卓球
탁구

バスケットボール**
농구

ゴルフ
골프

柔道
유도

剣道
검도

空手
가라테

* 약칭-バレー
** 약칭-バスケ

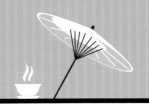

부록

4과

▶ 회화

사토	처음 뵙겠습니다. 사토 히로시입니다.
김	처음 뵙겠습니다. 김나연입니다.
사토	아무쪼록 잘 부탁합니다.
김	저야말로 아무쪼록 잘 부탁합니다.
사토	김 상은 학생입니까?
김	네, 학생입니다. 사토 씨도 학생입니까?
사토	아니요, 저는 학생이 아닙니다. 회사원입니다.

▶ 읽기 연습

처음 뵙겠습니다. 다치바나 가오리입니다. 회사원입니다.
사는 곳은 도쿄가 아닙니다. 오사카입니다.
아무쪼록 잘 부탁합니다.
김 상도 회사원입니까? 사는 곳은 어디입니까?
답장 주세요.

5과

▶ 회화

이	그것은 무엇입니까?
스즈키	이것은 연필입니다.
이	그것은 누구의 연필입니까?
스즈키	이 연필은 저의 것입니다.
이	그 책도 스즈키 씨의 것입니까?
스즈키	아니요, 이것은 저의 것이 아닙니다.
	야마다 씨의 것입니다.

▶ 읽기 연습

이것은 일본의 돈입니다.
이것은 천 엔권입니다. 이 사람은 노구치 히데요입니다.
이 산은 후지산입니다. 이 꽃은 벚꽃입니다.
그것은 한국의 돈입니다.
저것은 중국의 돈입니다.

6과

▶ 회화

박	저기요, 다카하시 씨, 지금 몇 시입니까?
다카하시	음……, 8시 50분입니다.
	다음 수업은 몇 시부터입니까?
박	11시부터입니다. 다카하시 씨는?
다카하시	저는 오후 2시부터 4시까지입니다.

▶ 읽기 연습

오늘은 학교 수업이 오전 9시부터 오후 6시까지입니다.
내일은 일본어 회화 시험입니다. 시험은 10시부터입니다.
시험 후는 친구와 식사입니다.(시험 후에는 친구와 식사를
할 겁니다.)
그리고 그 후는 아르바이트입니다.(그리고 그 후에는 아르
바이트를 할 겁니다.)
아르바이트는 오후 4시부터 8시 반까지입니다.

7과

▶ 회화

❶

최	오늘 무슨 요일입니까?
다나카	화요일입니다.
최	그럼 내일은 수요일이네요.

❷

다나카	최 상의 생일은 언제입니까?
최	4월 8일입니다.
다나카	어? 내일이네요. 최 상 생일 축하합니다.

▶ 읽기 연습

제 생일은 10월 2일입니다. 내일은 제 생일입니다.
저는 대학교 2학년이고 취미는 가라오케(노래방에서 노래
부르기)입니다.

사토 씨는 저의 친구입니다. 생일은 4월 15일입니다.
대학교 3학년이고 취미는 테니스입니다.
오늘부터 학교 축제입니다. 학교 축제는 화요일부터 금요
일까지입니다.

8과

▶ 회화

점원	어서 오세요.
박	저기요……, 이 케이크는 얼마입니까?
점원	270엔입니다.
박	커피는 얼마입니까?
점원	커피는 320엔입니다.
박	그럼, 케이크 한 개와 커피를 두 개 주세요.
점원	네, 모두 해서 910엔입니다.

▶ 읽기 연습

오늘은 동대문시장에 갔습니다. 귀여운 스웨터가 3만 원
이었습니다. 치마는 2만 8천 원이었습니다. 신발은 만 원
이었습니다. 매우 쌉니다. 그래서 저는 신발을 두 켤레나
샀습니다. 전부 해서 7만 8천 원이었습니다.

9과

▶ 회화

와타나베	강 상, 일본어 공부는 어떻습니까?
강	아주 재미있습니다.
	와타나베 씨, 한국어 수업은 어떻습니까?
와타나베	즐겁습니다. 하지만 조금 어렵습니다.
강	그래요. 한국어 선생님은 친절합니까?
와타나베	글쎄요……. 별로 친절하지 않습니다.

▶ 읽기 연습

김 상은 제 친구입니다. 매우 사이가 좋습니다.
김 상은 매우 귀엽습니다. 그리고 친절합니다.
어제는 김 상 생일이었습니다. 그래서 친구들과 파티를 했
습니다.
파티는 매우 즐거웠습니다.
그렇지만 요리는 별로 맛있지 않았습니다.

10과

▶ 회화

야마모토	조 상은 어떤 음악을 좋아합니까?
조	조용한 음악을 좋아합니다.
야마모토	저도요. 스포츠는 무엇을 좋아합니까?
조	글쎄요. 축구를 좋아합니다. 야마모토 씨는?
야마모토	저는 축구보다 테니스 쪽을 더 좋아합니다.
조	저도 테니스를 좋아합니다.
	하지만 별로 잘하지 못합니다.

▶ 읽기 연습

저는 애니메이션을 매우 좋아합니다. 일본 애니메이션 중
에서는 토토로를 가장 좋아합니다. 그리고 일본 음식도 좋
아합니다. 일본인 친구와 자주 라면을 먹습니다. 그 친구
는 요리를 잘하며, 그 중에서도 오코노미야키를 가장 잘합
니다. 하지만 저는 오코노미야키보다 다코야키를 더 좋아
합니다.

4과

① 私は 学生です。

② 彼は 日本人です。

③ 彼女も 会社員ですか。

④ 私も 医者じゃ ありません。

⑤ 先生は 韓国人じゃ ありません。

5과

① これは 誰の 靴ですか。

② それは 何の 本ですか。

③ あの 人は 私の 友達です。

④ この 傘は 私のです。

⑤ あれは 私の 時計じゃ(では) ありません。
先生のです。

6과

① 今 何時ですか。

② 3時 20分です。

③ 授業は 午前 9時から 11時までです。

④ 試験は 午後 2時からです。

⑤ 今は 4時10分です。

7과

① 今日は 何曜日ですか。

② 誕生日は いつですか。

③ 試験は いつから いつまでですか。

④ 明日は 9月 はつか 月曜日です。

⑤ お誕生日 おめでとうございます。

8과

① いらっしゃいませ。

② この 本は いくらですか。

③ 何歳ですか。

④ あの 時計は 6千3百円です。

⑤ じゃ、うどんと とんかつを ください。

9과

① 今日は 暑いです。

② この 本は とても 面白いです。

③ 日本語は あまり 難しく ありません。

④ この 店は 静かです。

⑤ あの 人は きれいです。
でも 親切じゃ ありません。

10과

예)

① 私は ラーメンが 好きです。

저는 라면을 좋아합니다.

② 私は 虫が 嫌いです。

저는 벌레를 싫어합니다.

③ 私は 英語が 上手です。

저는 영어를 잘합니다.

④ 私は 歌が 下手です。

저는 노래를 잘 못합니다.

3과

1 ② 2 ② 3 ③

4 ④ 5 ①

4과

1 ③ 2 ① 3 ②

4 ③ 5 ④

5과

1 ③ 2 ④ 3 ①

4 ② 5 ①

6과

1 ④ 2 ③ 3 ④

4 ③ 5 ②

7과

1 ② 2 ③ 3 ④

4 ④ 5 ①

8과

1 ② 2 ④ 3 ③

4 ④ 5 ① 6 ①

7 ②

9과

1 ② 2 ① 3 ②

4 ③ 5 ④ 6 ③

7 ④

10과

1 ③ 2 ④ 3 ②

4 ③ 5 ①

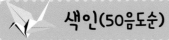

색인(50음도순)

147

な

149

150

참고 문헌

□ 정태준, 성해준, 한탁철, 김영희, 『하키하키 일본어 1』 동양북스(2011)

□ 정태준, 성해준, 한탁철, 김영희, 『하키하키 일본어 2』 동양북스(2011)

□ 문선희, 유창석, 김영, 『감바레 일본어 STEP1』 동양북스(2013)

□ 문선희, 임만호, 유창석, 『감바레 일본어 STEP2』 동양북스(2014)

□ 島田洋子 『日本人必携・留学生にも役立つ日本の文化と礼儀』 三恵社(2013)

□ 津堅信之 『日本のアニメは何がすごいのか 世界が惹かれた理由』 祥伝社(2014)

□ 山本素子 『日本の伝統文化』 IBCパブリッシング(2010)

□ 佐々木瑞枝 『クローズアップ日本事情15-日本語で学ぶ社会と文化』 ジャパンタイムズ(2017)

□ 旅行ガイドブック編集部 『まっぷる 東京』 昭文社(2017)

□ 旅行ガイドブック編集部 『まっぷる 大阪』 昭文社(2017)

□ 旅行ガイドブック編集部 『まっぷる 京都』 昭文社(2017)

□ 旅行ガイドブック編集部 『まっぷる 札幌』 昭文社(2017)

□ 旅行ガイドブック編集部 『まっぷる 福岡』 昭文社(2017)

□ 旅行ガイドブック編集部 『まっぷる 横浜』 昭文社(2017)

□ 旅行ガイドブック編集部 『まっぷる 沖縄』 昭文社(2017)

□ 旅行ガイドブック編集部 『まっぷる 仙台』 昭文社(2017)

□ 旅行ガイドブック編集部 『まっぷる 名古屋』 昭文社(2017)

□ 旅行ガイドブック編集部 『まっぷる 神戸』 昭文社(2017)

동양북스 채널에서 더 많은 도서
더 많은 이야기를 만나보세요!

 ▶ 유튜브

 인스타그램

 블로그

 포스트

 페이스북

 카카오뷰

동양북스

외국어 출판 45년의 신뢰
외국어 전문 출판 그룹
동양북스가 만드는 책은 다릅니다.

45년의 쉼 없는 노력과 도전으로 책 만들기에 최선을 다해온
동양북스는 오늘도 미래의 가치에 투자하고 있습니다.
대한민국의 내일을 생각하는 도전 정신과 믿음으로 최선을 다하겠습니다.

동양북스